Renate Schupp

Meine Kinderbibel

Illustriert von Johanna Ignjatovic

Kaufmann Verlag

Die Geschichte vom Schauen und Staunen

Kennst du Rica? Rica ist ein kleines Schaf.
Sie weidet mit vielen anderen Schafen
draußen auf der Wiese.
Auch ein alter Hirte ist da.
Und Jakob, der Hirtenjunge.
Und zwei Hunde – Jan und Fido.
Die passen auf, dass keines der Schafe wegläuft.

Ricas liebster Freund ist Jakob.
Er hat ihr ein rotes Halsband geschenkt.
Darauf ist Rica stolz.

Jakob und Rica gehen miteinander
auf der Wiese spazieren.
Es ist Sommer.
Die Sonne scheint. Die Welt ist schön –
die Gräser, die Blumen,
die Schmetterlinge und Vögel.
Jakob und Rica schauen und staunen.

Am Abend treiben Jan und Fido
die Schafe zusammen.
Sie legen sich nieder und schlafen.
Nur Rica darf noch ein wenig bei Jakob bleiben.

Der alte Hirte macht ein Feuer.
Jakob und Rica setzen sich zu ihm.
Rica legt ihren Kopf in Jakobs Schoß.
Jakob streichelt sachte über ihr Fell.
Schön, denkt Rica, wie schön!

Auf der Wiese ist es dunkel geworden.
Am Himmel oben leuchtet der Mond,
groß und rund,
und um ihn herum glitzern unzählig viele Sterne.
Jakob schaut hinauf und staunt. Er fragt:
„Woher kommt das alles?
Wer hat das gemacht?"

Der alte Hirte antwortet:
„Solange es Menschen auf der Erde gibt,
haben sie das gefragt. Genau wie du, Jakob:
Wer hat das alles so schön gemacht?"

Der alte Hirte legt ein Stück Holz auf das Feuer.
Dann sagt er weiter:
„Schon die Menschen in den alten Zeiten,
ganz früher, haben gestaunt und gedacht:
Das muss jemand gemacht haben,
der mächtiger ist als wir Menschen – Gott!
Ja, Gott muss das gemacht haben!
So haben sie gedacht.
Und sie haben sich dazu eine Geschichte erzählt:
Wie Gott die Welt erschaffen hat und die Menschen,
und wie er alles schön gemacht hat.
Sie haben sich auch Geschichten erzählt,
wie es dann weitergegangen ist mit den Menschen.
Was sie alles mit Gott erlebt haben.
Und was Gott mit den Menschen erlebt hat –
Gutes und Schlimmes.
Ein ganz dickes Buch mit vielen Geschichten
ist daraus geworden: die Bibel."

Jakob ruft:
„Erzählst du sie mir, die Geschichten?"
Er ruft so laut, dass Rica erschrocken den Kopf hebt.
„Bitte, bitte! Erzähl sie mir! Alle!"
Der alte Hirte lächelt. Dann setzt er sich zurecht
und fängt an, die erste Geschichte zu erzählen.

Von Gott kommt alles her

Die Geschichte von der Erschaffung der Welt

Am Anfang ist nichts da – nur Wasser.
Kein Himmel, keine Erde,
keine Pflanzen, keine Tiere,
keine Menschen – nichts.

Alles ist dunkel und leer.
Aber Gott ist da.
Gott sagt:
„Es soll hell werden."
Da wird es hell.

Dann teilt Gott das Wasser.
Er sagt:
„Hier soll Land sein und da Meer.
Oben soll Himmel sein und unten Erde.
Auf der Erde sollen Pflanzen wachsen –
Gras und Kräuter, Blumen, Büsche und Bäume.
Und oben am Himmel
sollen Sonne, Mond und Sterne stehen."

Alles wird, wie Gott es sagt.

Gott sagt:
„Es sollen Tiere da sein –
unten im Wasser, oben in der Luft
und auch auf dem Land."

Alles wird, wie Gott es sagt:
Im Wasser schwimmen Fische.
In der Luft fliegen Vögel und Schmetterlinge.
Und über die Erde laufen große und kleine Tiere.

Gott legt die Hand auf sie und sagt:
„Ich gebe euch meinen guten Segen.
Ihr sollt wachsen und immer mehr werden."

Dann sagt Gott:

„Nun will ich auch Menschen machen.

Sie sollen auf die Erde aufpassen,

auf die Blumen und Bäume,

auf die Fische und Vögel und alle Tiere."

Und er macht einen Mann und eine Frau –

Adam und Eva.

Er legt seine Hand auf sie und sagt auch zu ihnen:

„Ich gebe euch meinen guten Segen.

Ihr sollt Kinder haben.

Und die Kinder sollen wieder Kinder haben,

damit viele Menschen auf der Erde wohnen.

Ich habe Pflanzen und Früchte wachsen lassen.

Die könnt ihr essen. Es ist genug da für alle."

Zuletzt sieht Gott an, was er gemacht hat.

Alles ist gut. Er sagt:

„Nun bin ich fertig.

Dieser Tag heute soll ein heiliger Tag sein."

Und er ruht sich aus von seiner Arbeit.

Die Geschichte vom Paradiesgarten

Gott pflanzt einen Garten, das Paradies.
Dorthin führt er Adam und Eva.
Er sagt:
„In diesem Garten sollt ihr leben.
Ihr dürft von allen Pflanzen und Früchten essen.
Nur von dem großen Baum in der Mitte des Gartens
dürft ihr nichts essen!
Sonst müsst ihr sterben."

Adam und Eva gehen jeden Tag
in dem Garten spazieren.
Es ist alles da – frisches Wasser,
Obst, Gemüse und Beeren,
schöne Blumen und viele Tiere.
Adam und Eva haben es gut.
Sie leben glücklich und in Frieden.

Unter dem großen Baum in der Mitte des Gartens
liegt eine Schlange. Sie sagt:
„Schaut nur, was für wunderbare Früchte
auf diesem Baum wachsen.
Wenn ihr davon esst, werdet ihr so klug wie Gott."
Eva sagt:
„Von diesem Baum dürfen wir nichts essen.
Gott hat es verboten.
Sonst müssen wir sterben."
Da sagt die Schlange:
„Ihr werdet nicht sterben.
Gott will nur nicht, dass ihr so klug werdet wie er.
Darum hat er es verboten."

Adam und Eva schauen die Früchte an.
Sie sind schön. Sie glänzen.
Eva pflückt eine Frucht.
Und sie essen beide davon, Adam und Eva.
Da sehen sie auf einmal, dass sie nackt sind.
Und sie schämen sich voreinander.
Sie flechten sich Schürzen aus Blättern
und ziehen sie an.

Am Abend geht Gott durch den Garten.
Adam und Eva verstecken sich.
Gott soll nicht merken,
dass sie von dem Baum gegessen haben.
Aber Gott merkt es. Er sagt:
„Ihr habt nicht auf mich gehört!
Warum habt ihr das getan?"
Adam sagt:
„Eva hat mir die Frucht gegeben!"
Eva sagt:
„Die Schlange ist schuld."
Sie haben beide große Angst. Sie denken:
Gott wird uns strafen. Jetzt müssen wir sterben.
Aber Gott lässt ihnen das Leben. Er sagt:
„Weil ihr nicht auf mich gehört habt,
will ich euch nicht mehr bei mir im Garten haben.
Ihr müsst hinaus in die Welt und hart arbeiten
und selbst für euch sorgen."

Er schickt Adam und Eva fort aus dem Paradies.
Vor den Eingang stellt er einen Engel
mit einem feurigen Schwert.
Niemand kann mehr in den Garten zurückkommen.

Die Geschichte von Kain und Abel

Adam und Eva bekommen zwei Söhne.

Der ältere heißt Kain.

Der jüngere heißt Abel.

Kain wird ein Bauer. Er arbeitet auf dem Feld.

Er pflügt und sät und erntet.

Abel wird ein Hirte. Er hütet die Schafe.

Einmal wollen Kain und Abel Gott ein Geschenk machen.

Sie bauen aus Steinen einen Altar.

Kain schenkt Gott Früchte von seinem Feld.

Abel schenkt ihm ein Schaf aus seiner Herde.

Sie bringen alles zum Altar.

Gott soll sich darüber freuen.

Aber Kain macht ein finsteres Gesicht.

Er denkt:

„Über das Schäflein von Abel freut sich Gott mehr
als über meine Früchte.

Gott hat Abel lieber als mich."

Kain ist eifersüchtig auf Abel.

Sein Herz ist voller Zorn.

Eines Tages sagt Kain zu Abel:
„Komm mit mir, wir wollen aufs Feld hinausgehen."
Abel geht mit ihm.
Draußen auf dem Feld ist es ganz einsam.
Kein Mensch ist da. Nur Kain und Abel.
Da schlägt Kain seinen Bruder Abel tot.
Er denkt: „Niemand hat es gesehen."

Aber Gott hat es gesehen.
Gott fragt ihn:
„Kain, wo ist dein Bruder Abel?"
Kain antwortet: „Ich weiß es nicht.
Ich bin doch nicht sein Aufpasser."
Gott sagt: „Du hast ihn getötet, Kain!
Warum hast du das getan?
Geh weg! Ich will dich nicht mehr sehen!"

Da jammert und klagt Kain:
„Wo soll ich denn hingehen?
In der Fremde werden sie mich töten."
Da macht Gott ihm ein Zeichen auf die Stirn.
Das schützt ihn in der Fremde.

Adam und Eva aber bekommen noch mehr Kinder.
Die Kinder werden groß
und bekommen wieder Kinder.
So füllt sich die Erde mit Menschen.

Die Geschichte von Noah

Immer mehr Menschen leben auf der Erde.
Aber sie kümmern sich nicht um Gott.
Sie machen, was sie wollen.
Sie streiten sich. Sie schlagen sich.
Sie lügen und stehlen.
Darüber ist Gott traurig. Er sagt:
„Es wäre besser, wenn ich die Menschen
nicht gemacht hätte."

Aber dann denkt er an Noah.
Noah ist freundlich und gut.
Gott hat Freude an ihm. Darum sagt er zu Noah:
„Ich will eine große Flut kommen lassen.
Aber dich und deine Familie will ich retten.
Bau ein großes Schiff, eine Arche.
Es soll drei Stockwerke haben
und darüber ein Dach."

Noah macht, was Gott ihm sagt.
Mitten auf dem trockenen Land baut er
ein Schiff, eine Arche.
Seine Söhne helfen ihm dabei.

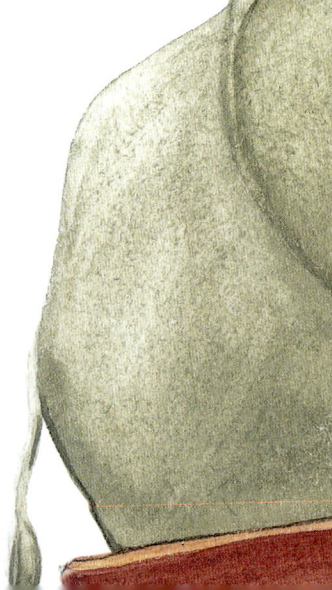

Als die Arche fertig ist, sagt Gott zu Noah:
„Bring nun von allen Tieren immer zwei hinein,
ein Männchen und ein Weibchen.
Und Samen von allen Pflanzen
und Futter für die Tiere
und Essen für dich und deine Familie."
Noah macht alles, wie Gott es will.
Gott sagt:
„Nun bring deine Frau in die Arche
und deine Söhne und ihre Frauen und Kinder."

Noah tut, was Gott sagt.
Zuletzt geht er selbst hinein.
Gott schließt hinter ihm die Tür fest zu.

Dann lässt er es regnen.

Es regnet und regnet und regnet.

Wasserfluten bedecken die Erde – die Sintflut.

Da fängt die Arche an zu schwimmen.

Es regnet vierzig Tage und vierzig Nächte.

Die ganze Erde ist von Wasser bedeckt.

Noah und seine Familie hören,

wie der Regen auf das Dach prasselt.

Aber sie sitzen drinnen im Trockenen.

Dann hört es auf zu regnen.

Noah wartet vierzig Tage.

Schließlich macht er das Dachfenster auf

und lässt eine Taube hinausfliegen.

Aber die Taube kommt bald wieder zurück.

Sie hat keinen Platz gefunden,

wo sie sich hinsetzen kann.

Da weiß Noah: Überall ist noch Wasser.

Nach sieben Tagen lässt er die Taube wieder fliegen.

Sie kommt wieder zurück.

Sie hat nirgends Futter gefunden.

Aber sie trägt einen frischen Zweig im Schnabel.

Da weiß Noah:

Es ragen schon Äste aus dem Wasser.

Abermals nach sieben Tagen lässt er

die Taube zum dritten Mal fliegen.

Dieses Mal kommt sie nicht zurück.

Da weiß Noah: Die Sintflut ist vorbei.

Noah macht die Tür der Arche auf.
Alle kommen heraus, die Tiere und die Menschen.
Die Kinder hüpfen und springen vor Freude.
Sie sind froh, so froh.
Alle danken Gott, dass er sie gerettet hat.

Die Wolken haben sich verzogen,
die Sonne scheint
und am Himmel steht ein Regenbogen.
Gott sagt zu Noah und seiner Familie:
„Ich will Freundschaft schließen mit euch
und allen Menschen, die nach euch leben.
Es soll keine Sintflut mehr kommen.
Solange es die Erde gibt,
sollen nicht aufhören
Säen und Ernten, Frost und Hitze,
Sommer und Winter, Tag und Nacht.
Das verspreche ich euch.
Schaut den Regenbogen an:
Er ist das Zeichen, dass das Leben
auf der Erde immer weitergehen soll.
Denkt daran, jedes Mal,
wenn ihr einen Regenbogen seht."

Die Geschichte vom Turmbau

Am Anfang haben die Menschen nur eine Sprache.
Eines Tages sagen sie:
„Wir wollen einen Turm bauen bis zum Himmel.
Dann können wir zu Gott hinaufsteigen.
Und alle sehen, wie mächtig wir sind –
genauso mächtig wie Gott!"

Und sie bauen einen Turm,
der höher ist als alle anderen Türme.
Für Gott ist es trotzdem nur ein ganz kleiner Turm.
Er muss vom Himmel herabsteigen,
damit er ihn richtig sehen kann.
Er sagt:
„Die Menschen sollen nicht denken,
sie könnten alles machen, was sie wollen.
Ich will ihnen zeigen,
dass ich der Herr bin!"

Und er bringt ihre Sprache durcheinander.
Jetzt können sie sich nicht mehr verstehen.
Sie müssen aufhören zu bauen.
Und sie gehen fort
und wohnen in verschiedenen Ländern
und sprechen verschiedene Sprachen.

Die Geschichte von Abraham und Sara

In der fernen Stadt Haran
lebt ein Mann namens Abraham
mit seiner Frau Sara.
Seine Eltern und alle seine Verwandten
und Freunde wohnen auch in Haran.

Abraham hat viele Ziegen und Schafe.
Er hat Esel und Kamele,
Hirten und Mägde
und Zelte zum Wohnen und Schlafen.
Abraham und seine Frau Sara haben alles,
was sie brauchen.
Es fehlt ihnen nur eins: Sie haben keine Kinder.
Darüber sind sie traurig.

Eines Tages hört Abraham eine Stimme.
Gott spricht zu ihm. Er sagt:
„Abraham, geh weg aus der Stadt Haran.
Geh weg von deinen Verwandten und Freunden.
Ich will von jetzt an dein Freund sein.
Ich werde dich in ein Land führen,
das soll dir ganz allein gehören.
Ich schenke es dir und deinen Nachkommen."

Abraham glaubt, was Gott sagt.
Er erzählt es seiner Frau Sara.
Da nehmen sie ihre Knechte und Mägde und Hirten,
ihre Tiere und ihre Habe.
Sie sagen ihren Verwandten und Freunden
und Nachbarn ‚Auf Wiedersehen'
und gehen weg aus der Stadt Haran.

Aber ein Neffe von Abraham – Lot – geht mit ihnen.
Lot ist schon ein erwachsener Mann.
Er hat eine Frau und zwei Töchter
und eigene Tiere und eigene Hirten.
Abraham ist sein Lieblingsonkel.
Darum nimmt Lot seine Frau und seine Töchter,
seine Tiere und alles, was er besitzt,
und geht mit seinem Onkel Abraham.

Gemeinsam wandern sie nach Süden,
der Sonne entgegen.
Sie sind lange unterwegs. Es ist heiß.
Das Gras auf den Wiesen vertrocknet.
Es gibt zu wenig Futter für alle.
Das Wasser ist knapp.
Die Hirten von Lot und die Hirten von Abraham
streiten sich um das Gras und um frisches Wasser.

Da sagt Abraham zu Lot:
„Es gefällt mir nicht, dass es Streit gibt
zwischen deinen Hirten und meinen Hirten.

Wir wollen uns trennen.
Wenn du nach links gehen willst,
dann gehe ich nach rechts, hinab ins Tal,
wo die Städte Sodom und Gomorra liegen.
Wenn du aber nach rechts gehen willst,
dann gehe ich nach links, in die Berge."

Lot wählt den rechten Weg, hinab ins Tal,
und zieht mit seiner Familie in die Stadt Sodom.
So gehen Abraham und Lot in Frieden auseinander.

Abraham und seine Leute wandern weiter.
Sie kommen in ein freundliches grünes Land,
das Land Kanaan.
Dort gibt es Weiden für die Tiere
und Wasser für alle.
Bei einem kleinen Ort machen sie Rast.
Abraham setzt sich unter einen Baum –
eine Eiche – und ruht sich aus.
Da hört er wieder die Stimme Gottes.
Gott sagt:
„Schau dich um! Das ist das Land,
das ich dir versprochen habe.
Ich gebe es dir und deinen Nachkommen.
Sie sollen das Land füllen
und zu einem großen Volk werden."
Da baut Abraham aus Steinen
einen Altar für Gott und dankt ihm.

Aber Sara, die Frau Abrahams, sagt:
„Wie sollen wir das Land füllen?
Wir haben ja keine Kinder."
Und ihr Herz ist voller Traurigkeit.

In der Nacht hört Abraham wieder die Stimme Gottes.

Gott sagt:

„Du brauchst keine Angst zu haben.

Ich bin immer bei dir und beschütze dich.

Ich will dich reich machen."

Da antwortet Abraham:

„Was willst du mir denn geben, Herr?

Ich habe genug. Mehr brauche ich nicht,

denn du hast uns ja keine Kinder geschenkt.

Wenn ich sterbe, werden fremde Menschen

alles bekommen, was mir gehört."

Da sagt Gott zu ihm:

„Nein, kein Fremder wird deinen Besitz erben,

denn du wirst einen Sohn haben.

Geh hinaus vor dein Zelt

und schau hinauf zu den Sternen.

Kannst du sie zählen?"

Abraham geht hinaus. Er schaut zum Himmel.

Unendlich viele Sterne leuchten dort.

Niemand kann sie zählen.

Gott sagt:

„So viele Nachkommen wirst du haben."

Abraham geht wieder in sein Zelt.

Er glaubt, was Gott gesagt hat.

Eines Tages kommt ein fremder Mann
mit zwei Begleitern zu Abraham.
Abraham lädt die Männer ein. Er sagt:
„Setzt euch unter diesen Baum und ruht euch aus."
Er lässt ihnen Wasser bringen.
Sie erfrischen sich.
Sie waschen den Staub von ihren Füßen.
Eine Magd bringt Brot und Milch und Fleisch.
Der Fremde und seine Begleiter essen und trinken.

Nach dem Essen fragt der Fremde:
„Wo ist Sara?"
Abraham antwortet:
„Nebenan, in ihrem Zelt."
Da sagt der Fremde:
„In einem Jahr wird sie einen Sohn haben."
Sara in ihrem Zelt hört, was der Fremde sagt.
Sie lacht leise vor sich hin. Sie denkt:
„Abraham und ich sind doch zu alt,
um jetzt noch ein Kind zu bekommen."
„Warum hat Sara gelacht?", fragt da der Fremde.
Sara hört es und erschrickt. Sie denkt:
„Woher weiß dieser Mann, dass ich gelacht habe?"
Und sie ruft laut:
„Ich habe nicht gelacht!"
„Doch!", sagt der Fremde. „Du hast gelacht!
Glaubst du nicht, dass Gott alles machen kann?
Nächstes Jahr um diese Zeit
wirst du einen Sohn haben."

Der Fremde steht auf.
Er schickt seine zwei Begleiter voraus.
Er sagt zu Abraham:
„Wir wollen hinunter ins Tal,
wo die Städte Sodom und Gomorra liegen.
Die Menschen dort sind böse und schlecht.
Sie machen schlimme Sachen.
Deshalb will ich die beiden Städte vernichten."

Abraham erschrickt bis tief ins Herz.
Jetzt erkennt er: Dieser Fremde ist Gott.
Und seine zwei Begleiter sind Engel.
Abraham denkt an seinen Neffen Lot.
Lot wohnt mit seiner Familie in Sodom.
Abraham hat Angst um Lot. Er sagt:
„Herr, es gibt in Sodom auch gute Menschen.
Willst du die Guten mit den Bösen zusammen
vernichten?"

Der Fremde sagt: „Nein! Wenn es fünfzig Gute gibt,
werde ich Sodom nicht vernichten."
„Und wenn es nur vierzig Gute sind, Herr?"
„Dann werde ich Sodom nicht vernichten."
„Vielleicht sind es ja nur dreißig, Herr?"
„Wenn es dreißig Gute gibt, werde ich Sodom nicht vernichten."
„Und wenn es nur zwanzig sind?"
„Dann werde ich der Stadt nichts antun."
„Aber wenn es nur zehn sind?", fragt Abraham.
Der Fremde sagt: „Wenn ich zehn Gute finde in Sodom,
dann werde ich die Stadt nicht vernichten."
Und er dreht sich um und geht weg.

Die beiden Begleiter, die Engel,
kommen spät am Abend in die Stadt Sodom.
Sie treffen Lot. Er lädt sie ein in sein Haus.
Die Engel sagen zu Lot: „Gott schickt uns.
Denn morgen früh, bevor es hell wird,
will Gott Sodom und Gomorra vernichten.
Aber dich und deine Familie will er retten.
Packt schnell eure Sachen und flieht!"
Lot erschrickt. Er kann es nicht glauben.
Da fassen ihn die Engel an den Händen,
auch seine Frau und seine Töchter,
und führen sie aus der Stadt hinaus.
Die Engel sagen:
„Lauft jetzt, so schnell ihr könnt.
Steigt auf die Berge. Dort seid ihr sicher.
Aber dreht euch nicht um. Schaut nicht zurück."
Lot und seine Frau und seine Töchter laufen.
Hinter ihnen kracht und donnert es.
Die Erde bebt.
Lot und seine Töchter rennen und rennen.
Aber seine Frau bleibt stehen und schaut sich um.
Da erstarrt sie und wird zu einer Salzsäule.

Am anderen Tag blickt Abraham hinunter ins Tal.
Die Städte Sodom und Gomorra sind verschwunden.
Dort wo sie gestanden haben,
steigt von der Erde schwarzer Rauch auf.

Nach einem Jahr bekommt Sara einen Sohn.
Sie nennt ihn Isaak.
Das bedeutet: Ich habe gelacht.

Abraham und Sara freuen sich.
Sie danken Gott.
Abraham betet:
„Ich vertraue auf dich, Gott.
Du hältst, was du versprichst."

Als Isaak ein Jahr alt ist,
feiern Abraham und Sara
zusammen mit allen Knechten und Mägden
und Hirten ein großes Fest.

Die Geschichte von Isaak und Rebekka

Isaak ist erwachsen geworden.

Er ist jetzt ein Mann.

Es ist Zeit, dass er heiratet.

Sein Vater Abraham sagt zu ihm:

„Wir wollen eine Frau für dich suchen."

Dann lässt er seinen obersten Knecht,

den treuen Elieser, zu sich kommen

und sagt zu ihm:

„Geh zurück in unsere alte Heimat,

in die Stadt Haran,

aus der wir vor vielen Jahren weggegangen sind.

Suche dort nach einer Frau für Isaak."

Abraham gibt Elieser kostbare Geschenke mit.

Er wünscht ihm eine gute Reise. Er sagt:

„Gott wird dich führen.

Er wird dir die richtige Frau für Isaak zeigen."

Elieser macht sich auf den Weg,
zusammen mit ein paar Knechten und zehn Kamelen.
Es ist eine weite Reise.
Nach vielen Tagen sehen sie endlich
die Stadt Haran vor sich liegen.
Vor der Stadtmauer ist eine Wasserquelle.
Dort lässt Elieser die Kamele ausruhen.

Elieser betet im Stillen zu Gott:
„Gott, jetzt werden bald die Mädchen
aus der Stadt kommen
und an der Quelle Wasser holen.
Wenn mir eine gefällt, werde ich zu ihr sagen:
‚Lass mich aus deinem Krug trinken.'
Und wenn das Mädchen antwortet: ‚Trinke nur!
Ich will auch für deine Kamele Wasser schöpfen!',
dann weiß ich: Das ist die Frau,
die du für Isaak ausgesucht hast."

Bald darauf kommt ein Mädchen aus der Stadt – Rebekka.
Sie ist jung und sieht freundlich aus.
Auf dem Kopf trägt sie einen Krug.
Rebekka beugt sich zur Quelle hinab
und schöpft Wasser in ihren Krug.
Elieser geht zu ihr und sagt:
„Lass mich aus deinem Krug trinken."
Da reicht sie ihm den Krug und sagt:
„Trinke nur! Ich will auch für deine Kamele
Wasser schöpfen."
Da weiß Elieser: Das ist die Frau,
die Gott für Isaak ausgesucht hat.
Er schenkt ihr einen goldenen Ring
und einen kostbaren Armreif und sagt:
„Geh zu deinem Vater und frage ihn,
ob wir bei euch über Nacht bleiben können."

Rebekka läuft in die Stadt zurück
zu ihrem Vater und ihrem Bruder Laban
und erzählt ihnen alles.
Da geht ihr Bruder Laban hinaus zur Quelle
und lädt Elieser ein für die Nacht,
und dazu seine Knechte und Kamele.

Im Hof des Hauses steht schon alles bereit –
Wasser zum Waschen für die Gäste
und Stroh und Futter für die Tiere.
Dienerinnen bereiten das Essen –
Brot und Gemüse und Fleisch.
Doch Elieser sagt:
„Ich will erst essen, wenn ich euch gesagt habe,
warum ich gekommen bin.
Ich bin der oberste Knecht von Abraham,
der vor vielen Jahren von Haran weggegangen ist.
Gott hat Abraham Reichtum geschenkt.
Abraham hat viele Schafe und Rinder
und Esel und Kamele.
Und er hat einen Sohn – Isaak.
Der wird das alles einmal bekommen.
Abraham hat mich hierher geschickt,
um für Isaak eine Frau zu suchen.
So sagt mir nun:
Wollt ihr Isaak, dem Sohn Abrahams,
eure Tochter Rebekka zur Frau geben?"

Rebekkas Vater und ihr Bruder Laban
fragen Rebekka:
„Willst du mit diesem Mann gehen?"
Rebekka antwortet: „Ja, ich will."

So zieht Rebekka am anderen Tag
mit Elieser weg aus der Stadt Haran
und von ihren Eltern und Geschwistern
und kommt schließlich in das Land Kanaan.

Dort wartet Isaak.
Jeden Abend geht er hinaus vor sein Zelt
und schaut, ob Elieser zurückkommt.
Eines Abends sieht er in der Ferne
Kamele herankommen – eine ganze Karawane.
Er erkennt Elieser und läuft ihm entgegen.

Rebekka hat ihn auch gesehen.
Sie fragt: „Wer ist dieser Mann,
der uns auf dem Feld entgegenkommt?"
Elieser antwortet: „Das ist Isaak."
So lernen Isaak und Rebekka sich kennen.
Isaak denkt: „Sie sieht freundlich und gut aus."
Rebekka denkt: „Er gefällt mir."

Isaak und Rebekka heiraten.
Und sie haben einander lieb.

Die Geschichte von Jakob

Nun sind Isaak und Rebekka
schon viele Jahre miteinander verheiratet.
Sie haben zwei Söhne, Zwillinge –
Esau und Jakob.
Esau ist ein bisschen früher geboren als Jakob.
Er ist der Ältere.

Esau ist gerne draußen in den Bergen.
Als er groß ist, wird er ein Jäger.
Sein Vater Isaak ist stolz auf ihn.
Er freut sich,
wenn Esau ihm ein Wildtier schießt,
ein Reh oder eine wilde Ziege,
denn Wildbraten ist sein Lieblingsessen.

Jakob bleibt lieber zu Hause bei den Zelten.
Er kümmert sich um die Schafe und Ziegen.
Jakob ist der Liebling seiner Mutter Rebekka.

Viele Jahre vergehen.

Isaak ist ein alter Mann geworden.

Seine Augen sind krank.

Er kann nichts mehr sehen.

Er kann auch nicht mehr hinaus zu seinen Herden.

Seine Kräfte sind schwach geworden.

Er liegt den ganzen Tag in seinem Zelt.

Isaak spürt, dass er bald sterben wird.

Doch vorher will er seinem ältesten Sohn

den Segen Gottes weitergeben.

Immer bekommt der älteste Sohn

vom Vater den Segen – so muss es sein.

Isaak ruft Esau zu sich und sagt:

„Ich bin alt. Ich werde bald sterben.

Du bist mein Ältester, du bist zuerst geboren.

Ich will dir heute meinen Segen geben.

Doch jage mir vorher noch ein Wild

und brate mir das Fleisch, wie ich es gern habe."

Da nimmt Esau Pfeil und Bogen

und geht hinaus.

Rebekka hat gehört,

was Isaak zu Esau gesagt hat.

Sie wartet, bis Esau weit genug weg ist.

Dann ruft sie Jakob und erzählt ihm alles.

Sie möchte, dass Jakob

den Segen des Vaters bekommt.

Rebekka sagt zu Jakob:

„Schnell, geh zur Herde und hole ein Ziegenböcklein.

Dann mache ich deinem Vater ein Essen,

wie er es gern hat.

Das bringst du ihm in sein Zelt.

Danach wird er dich segnen."

Jakob antwortet:

„Aber der Vater wird doch merken,

dass ich Jakob bin und nicht Esau.

Er ist zwar blind, aber er wird mich anfassen.

Esau hat eine raue Haut

und Haare auf den Armen.

Ich aber habe eine glatte Haut.

Daran merkt der Vater, dass ich nicht Esau bin.

Dann wird er sehr böse auf mich sein."

Aber die Mutter sagt:

„Lass nur! Ich werde machen, dass er nichts merkt.

Geh jetzt und tu, was ich dir sage."

Da geht Jakob hinaus zur Herde
und bringt seiner Mutter ein Ziegenböcklein.

Rebekka bereitet aus dem Fleisch einen Braten,
wie Isaak ihn gerne hat.
Sie legt frisches Brot auf einen Teller
und füllt Wein in einen Krug.

Dann holt sie Kleider von Esau und sagt zu Jakob:
„Zieh sie an!"
Jakob zieht die Kleider seines Bruders an.

Rebekka nimmt das Fell des Ziegenböckleins,
schneidet es in Stücke
und bindet sie Jakob
um den Hals und um die Arme.
Nun fühlt er sich so rau und haarig an
wie sein Bruder Esau. Rebekka sagt:
„Bring jetzt dem Vater das Essen."

Jakob trägt die Schüssel mit dem Fleisch
in das Zelt zu seinem Vater.
Er räuspert sich. Er versucht, so zu sprechen,
wie Esau spricht: „Hier bin ich, Vater."
Isaak fragt: „Wer bist du?"
„Ich bin Esau, Vater. Dein Ältester.
Setz dich auf und iss und segne mich dann."
Der Vater sagt: „Wie hast du so schnell
ein Tier finden und zubereiten können?"
Jakob antwortet: „Ich hatte Glück.
Kaum war ich draußen,
da ist mir eine Wildziege über den Weg gelaufen."

„Bist du wirklich Esau?", fragt der Vater.

„Komm zu mir! Ich will dich anfassen und fühlen,
 ob du Esau bist oder nicht."

Vater Isaak befühlt Jakobs Arme und sagt:

„Deine Stimme klingt wie die Stimme von Jakob.

 Aber du riechst und fühlst dich an wie Esau.

 Bist du Esau?"

Jakob antwortet: „Ja!"

Da legt ihm sein Vater die Hand auf den Kopf

und gibt ihm den Segen. Er sagt:

„Gott segne dich, mein Sohn.

 Deine Felder sollen viele Früchte tragen.

 Deine Herden sollen immer größer werden.

 Die Menschen sollen gut zu dir sein.

 Dein Bruder muss dir gehorchen.

 Gott soll immer bei dir sein und dich beschützen."

Jetzt hat Jakob den Segen seines Vaters bekommen.
Schnell geht er aus dem Zelt.

Da kommt Esau zurück.
Er hat eine Wildziege gejagt
und das Fleisch gebraten und gewürzt.
Er bringt dem Vater das Essen und sagt:
„Setz dich auf, Vater, und iss.
Und danach segne mich."
Der Vater fragt: „Wer bist denn du?"
Esau antwortet: „Ich bin Esau."
Da erschrickt Vater Isaak und ruft:
„Wer ist denn vorhin hier gewesen?
Wer war das? Er hat mir einen Braten gebracht.
Und ich habe ihn gesegnet."
Da schreit Esau auf:
„Das kann nur Jakob gewesen sein.
Er hat mir den Segen weggenommen.
Hol den Segen wieder zurück, Vater.
Segne mich auch!"
Aber der Vater schüttelt traurig den Kopf.
„Ich kann nicht. Ich habe nur diesen einen Segen.
Dein Bruder ist nun dein Herr.
Du musst ihm gehorchen."

Esau ist wütend auf Jakob. Er hasst ihn.
Jakob hat ihn betrogen.
Er hat ihm den Segen des Vaters gestohlen.
Esau droht Jakob: „Ich bringe dich um!"
Da bekommt Jakob Angst.
Er flieht aus seiner Heimat, aus Kanaan.
Er will nach Haran, in die Stadt,
aus der einst sein Großvater Abraham weggegangen ist.
Der Bruder seiner Mutter Rebekka wohnt dort –
sein Onkel Laban. Zu ihm will Jakob gehen.

Unterwegs schläft Jakob unter freiem Himmel.

Da hat er einen Traum:

Eine Leiter führt vom Himmel hinunter auf die Erde.

Engel steigen daran auf und nieder.

Ganz oben steht Gott. Er sagt zu Jakob:

„Ich bin der gleiche Gott,

der mit deinem Großvater Abraham

und deinem Vater Isaak gesprochen hat.

Ich werde überallhin mit dir gehen.

Du wirst viele Kinder haben

und ich werde sie alle segnen."

Jakob wacht auf und denkt:

„Das ist ein heiliger Ort. Wenn ich zurückkomme,

baue ich hier für Gott ein Haus."

Und er nennt den Ort ‚Bet-El'.

Das bedeutet ‚Haus Gottes'.

Endlich kommt Jakob nach Haran.
Sein Onkel Laban, seine Tante, die Söhne
und die beiden Töchter Lea und Rahel freuen sich.
Jakob darf bei ihnen wohnen.

Jakob hütet die Herden seines Onkels.
Eines Tages sagt Onkel Laban zu ihm:
„Du bist fleißig und geschickt, Jakob.
Was soll ich dir als Lohn geben?"
Da antwortet Jakob:
„Ich will sieben Jahre für dich arbeiten,
wenn du mir danach Rahel zur Frau gibst,
deine jüngere Tochter,
denn wir haben einander lieb."
Onkel Laban ist damit einverstanden.
So arbeitet Jakob sieben Jahre für seinen Onkel.

Nach sieben Jahren gibt es
ein großes Hochzeitsfest.
Alle sind eingeladen. Die ganze Stadt feiert mit.
Jeder darf so viel essen und trinken, wie er will.
Musikanten spielen zum Tanz auf.
Alle sind vergnügt und fröhlich.

Als es Abend wird, geht Jakob in sein Zimmer
und wartet im Dunkeln auf Rahel.
Spät kommt Onkel Laban
und bringt ihm seine Tochter, die Braut.

Am Morgen aber, als es hell wird, merkt Jakob:
Onkel Laban hat ihm nicht Rahel gebracht,
sondern Lea, die ältere Schwester.
Nun ist er selbst betrogen worden.

Jakob geht zu Laban und sagt:
„Du hast mir die falsche Tochter gebracht.
Warum hast du das getan?"
Darauf antwortet Laban: „Bei uns in Haran
heiratet zuerst die ältere Schwester,
danach erst die jüngere.
So muss es sein hier bei uns.
Arbeite noch einmal sieben Jahre für mich,
dann gebe ich dir auch Rahel."
Das verspricht Jakob.
Nun hat er zwei Frauen, Lea und Rahel.

Jakob bekommt mit seinen Frauen viele Kinder.
Er besitzt eigene Herden –
Schafe, Ziegen und Rinder.
Er hat Hirten, die seine Herden hüten.
Und seine Frauen haben Mägde,
die ihnen bei der Arbeit helfen.

Eines Tages sagt Jakob zu Lea und Rahel:
„Ich möchte wieder zurück in meine Heimat.
Ich möchte im Land Kanaan wohnen,
wo ich als Kind gewohnt habe,
mit meinem Vater und meiner Mutter."

Lea und Rahel sind einverstanden.
So machen sie sich auf den Weg nach Kanaan
mit ihren Kindern,
mit den Knechten und Mägden und Tieren
und mit allem, was ihnen gehört.

Unterwegs erfährt Jakob von einem Boten:
„Esau kommt dir entgegen, dein Bruder,
mit vierhundert Männern."
Jakob erschrickt. Er denkt:
„Nun kommt mein Bruder, um mich zu töten.
Er ist immer noch böse auf mich."

Aber Esau begrüßt Jakob freundlich.
Er umarmt und küsst ihn. Er ist ihm nicht mehr böse.
Er hat auch eine große Familie und viele Tiere.
Es geht ihm gut – genau wie Jakob.
Gott hat beide Brüder gesegnet.

So kehrt Jakob zurück nach Kanaan.

Die Geschichte von Josef

Nun lebt Jakob wieder im Land Kanaan.
Er hat eine große Familie und viele Kinder:
zwölf Söhne und eine Tochter – Dina.
Die beiden Jüngsten sind Josef und Benjamin.
Jakob hat alle seine Kinder gern.
Aber am liebsten hat er Josef.
Er bringt ihm Geschenke mit.
Er lässt schöne Kleider für ihn machen.
Die älteren Brüder sind neidisch auf Josef.
Sie können ihn nicht leiden.

Einmal sind sie allein mit Josef draußen bei der Herde.

Vater Jakob ist weit weg.

Da sagen die Brüder untereinander:

„Jetzt erschrecken wir Josef, dass er Angst bekommt."

Sie packen ihn.

Sie ziehen ihm seine schönen Kleider aus

und werfen ihn in einen ausgetrockneten Brunnen.

Josef tobt und schreit: „Das sag ich dem Vater!"

Die Brüder lachen ihn aus. „Tu's doch! Tu's doch!"

Sie gehen weg und lassen ihn allein.

Josef weint. Er bettelt: „Holt mich heraus!"

Aber die Brüder kümmern sich nicht darum.

Sie sagen: „Er soll nur richtig Angst haben!

Das geschieht ihm recht."

Da kommen fremde Männer vorbei,
Kaufleute, die nach Ägypten ziehen.
Die Brüder haben eine Idee. Sie sagen:
„Wisst ihr was: Wir verkaufen Josef
an diese Kaufleute.
Dann sind wir ihn für immer los."
Sie lassen ein Seil hinunter in die Grube
und holen Josef herauf.
Die Kaufleute schauen sich Josef an.
Er ist gut gewachsen und schön.
Sie kaufen ihn für zwanzig Silberstücke
und nehmen ihn mit nach Ägypten.
Jetzt ist Josef weg.

Aber Ruben, dem ältesten Bruder,
tut leid, was sie getan haben. Er fragt:
„Was sollen wir dem Vater sagen?"
Die Brüder antworten:
„Wir sagen: Ein wildes Tier hat Josef gefressen."
Sie schlachten einen Ziegenbock
und beschmieren Josefs Kleider mit dem Blut.
Dann schicken sie einen Hirten
mit den Kleidern zu ihrem Vater Jakob.
Der Hirte fragt:
„Diese Kleider haben wir gefunden.
Sind es Josefs Kleider?"
Jakob erschrickt. Er sieht das Blut an den Kleidern.
Er schreit auf: „Josef ist tot! Ein wildes Tier hat ihn getötet!"
Jakob weint lange. Seine Trauer ist groß.
Niemand kann ihn trösten.

Die Kaufleute bringen Josef nach Ägypten.

Dort verkaufen sie ihn weiter.

Ein Ägypter namens Potifar kauft ihn.

Potifar beschützt den Pharao, den König von Ägypten.

Er ist sein oberster Leibwächter.

Josef muss für Potifar arbeiten.

Er hält ihm Haus und Garten in Ordnung.

Er kümmert sich um alles.

Er geht auf den Markt und kauft ein.

Er lernt die Sprache der Ägypter.

Jetzt kann er mit allen Menschen hier reden.

Potifar merkt bald, dass Josef klug und fleißig ist.
Alles gelingt ihm gut. Potifar denkt:
„Gott ist mit diesem Josef.
Er hilft ihm und beschützt ihn."
Potifar macht Josef zum Herrn über sein Haus
und über die anderen Diener.

Einmal hat der König von Ägypten
einen sonderbaren Traum:
Sieben hässliche dürre Kühe
fressen sieben schöne fette Kühe auf.
Und sieben magere dünne Ähren
fressen sieben dicke Ähren.

Niemand kann dem König erklären,
was der Traum bedeutet.
Da wird Josef in den Palast geholt.
Der König erzählt ihm seinen Traum.
Und Josef antwortet:
„Die sieben fetten Kühe und die sieben dicken Ähren
bedeuten sieben gute Jahre.
Gott will dir mit deinem Traum sagen:
Es werden jetzt sieben gute Jahre kommen.
Auf den Feldern wird reichlich Korn wachsen.
Alle werden genug zu essen haben.
Aber danach kommen sieben schlechte Jahre.
Das Korn vertrocknet auf den Feldern.
Die Menschen werden Hunger leiden.
Sie werden alles aufessen aus den guten Jahren,
wie die sieben dürren Kühe
und die sieben dünnen Ähren."

Das sagt Josef dem König. Und er sagt auch noch:
„Ich möchte dem König einen Rat geben:
Lass in den sieben guten Jahren
einen Teil der Ernte sammeln,
damit du für dein Land in den schlechten Jahren
einen Vorrat hast."

Der König glaubt, was Josef sagt.

Er antwortet ihm:

„Gott hat mir durch dich einen guten Rat gegeben.

Du sollst von jetzt ab der oberste Verwalter sein

über ganz Ägypten. Alle sollen dir gehorchen.

Lass große Vorratshäuser bauen

und das Korn sammeln in den guten Jahren."

So macht Gott aus Josef einen mächtigen Mann.

Josef reist durch das Land.

Er lässt überall große Vorratshäuser bauen

und Korn sammeln, sieben Jahre lang.

Nach den sieben guten Jahren

folgen sieben schlechte Jahre.

Auf den Feldern vertrocknet das Korn.

An den Bäumen verfaulen die Früchte.

Die Menschen haben nichts mehr zu essen.

Sie leiden Hunger.

Da öffnet Josef die Vorratshäuser.

Wer kein Brot mehr hat, kann bei Josef Korn kaufen.

Die Hungersnot hört nicht auf.
Von überall her aus ganz Ägypten
und aus dem Ausland kommen die Menschen.
Sie wollen bei Josef Korn kaufen.

Auch im fernen Land Kanaan,
wo Vater Jakob und Josefs Brüder wohnen,
gibt es kein Brot mehr.
Die Brüder haben inzwischen geheiratet,
sie haben Kinder.
Die Kinder haben Hunger.
Da sagt Jakob zu seinen Söhnen:
„Ich habe gehört,
dass man in Ägypten Korn kaufen kann.
Geht nach Ägypten und kauft dort ein!
Sonst müssen wir hier verhungern."
Ruben, der Älteste, fragt den Vater:
„Sollen wir alle gehen?"
Vater Jakob antwortet:
„Alle außer eurem jüngsten Bruder Benjamin.
Benjamin will ich hierbehalten bei mir."
Jakob hat Angst um Benjamin.
Es könnte ihm etwas passieren –
wie Josef.

Da machen sich die zehn Brüder
auf den Weg nach Ägypten.

Die Brüder sind lange unterwegs.
Endlich kommen sie in Ägypten an.
Sie fragen, wo man Korn kaufen kann.
So kommen sie zu Josef.

Josef ist der Herr über alle Vorratshäuser.
Er ist angezogen wie ein Ägypter.
Er hat eine Frisur wie ein Ägypter.
Die Brüder erkennen ihn nicht.
Aber Josef erkennt die Brüder.
Sein Herz fängt an zu klopfen.
Er denkt daran, wie sie ihn damals
in die Grube geworfen und verkauft haben.

Josef spricht ägyptisch mit den Brüdern.
Ein Diener übersetzt seine Worte.
Die Brüder sollen nicht merken,
dass er sie kennt.
Er fragt sie aus. Er will alles wissen.
Die Brüder antworten ihm ehrlich.
Sie sagen: „Wir kommen aus Kanaan.
Wir sind zehn Brüder.
Eigentlich sind wir zwölf.
Aber der Jüngste ist zu Hause geblieben.
Und einer von uns ist nicht mehr da."
Der Diener übersetzt alles.
Josef hört zu. Dann sagt er streng:
„Ich glaube euch nichts. Ihr seid Spione!"
Und er lässt sie ins Gefängnis werfen.

Nach drei Tagen holt Josef die Brüder
wieder aus dem Gefängnis.
Er lässt ihre Säcke mit Korn füllen
und sagt:
„Ich will nicht, dass eure Kinder Hunger leiden.
Geht und bringt das Korn nach Hause.
Aber dann müsst ihr wiederkommen
und euren jüngsten Bruder mitbringen.
Erst dann glaube ich euch,
dass ihr die Wahrheit gesagt habt."
Die Brüder versprechen alles.

Sie sind froh, dass der Ägypter sie gehen lässt.

Doch da sagt Josef:

„Halt! Einer von euch muss hierbleiben,

damit ihr auch bestimmt wiederkommt."

Er schaut die Brüder an, einen nach dem anderen.

Dann zeigt er auf den Zweitältesten – auf Simeon –

und befiehlt einem seiner Soldaten:

„Nimm diesen da fest und bring ihn ins Gefängnis."

Die Brüder erschrecken. Sie reden leise miteinander.

Sie sagen:

„Das ist die Strafe,

weil wir Josef damals Böses angetan haben.

Die Brüder wissen nicht,

dass Josef sie versteht.

Er hört alles, was sie sagen.

Die Tränen kommen ihm und er schaut weg.

Niemand soll sehen, dass er weint.

Die große Hungersnot dauert an.

Josefs Brüder müssen ein zweites Mal nach Ägypten.

Sie haben Angst. Sie sagen zu Vater Jakob:

„Der mächtige Ägypter hat uns befohlen:

Bringt euren jüngsten Bruder mit.

Er wird uns alle ins Gefängnis werfen,

wenn wir Benjamin nicht mitbringen."

Benjamin sagt:

„Bitte, Vater, lass mich mitgehen.

Ich bin doch schon groß."

Da lässt Jakob ihn gehen.

Aber das Herz ist ihm schwer.

Josef sieht die Brüder schon von weitem.

Er sagt zu einem Diener:

„Führe diese Männer in mein Haus.

Sie sollen bei mir zu Mittag essen."

Er lässt auch Simeon aus dem Gefängnis holen.

Dann geht er selbst ins Haus.

Als er Benjamin sieht,

füllen sich seine Augen mit Tränen.

Er geht schnell noch einmal hinaus.

Nach einer Weile kommt Josef zurück.
Er zeigt den Brüdern ihre Plätze am Tisch.
Er setzt sie nach dem Alter: zuerst Ruben,
dann Simeon und die anderen, zuletzt Benjamin.
Die Brüder wundern sich. Sie denken:
„Woher weiß dieser Ägypter, wie alt wir sind?"
Dann wird das Essen gebracht.
Sie essen und trinken und werden fröhlich.
Sie vergessen ihre Angst.

Josef hat beschlossen: „Dieses Mal
sollen meine Brüder wissen, wer ich bin."

Bevor die Brüder wieder nach Hause zurückgehen,
sagt er zu ihnen in ihrer Sprache:
„Schaut mich an! Erkennt ihr mich nicht?
Ich bin euer Bruder Josef,
den ihr in den Brunnen geworfen und verkauft habt!"
Die Brüder können nichts antworten,
so sehr erschrecken sie. Sie denken:
„Nun wird er uns bestrafen für unsere böse Tat."
Aber Josef sagt:
„Habt keine Angst! Ich strafe euch nicht.
Ihr seid böse zu mir gewesen, das ist wahr.
Aber Gott hat alles gut werden lassen.
Er wollte, dass ich hierher komme, nach Ägypten,
damit ich euch jetzt Korn geben kann
und die ganze Familie vor dem Hungertod rette."
Und Josef umarmt und küsst Benjamin.
Er umarmt auch die anderen Brüder.
Sie weinen vor Freude.
Josef sagt:
„Geht jetzt zurück nach Hause.
Holt unseren Vater und unsere Schwester Dina
und eure Frauen und Kinder und zieht alle hierher.
Die Hungersnot wird noch andauern.
Hier aber gibt es genug zu essen."

Josef beschenkt die Brüder reich.

Er gibt ihnen Geschenke mit für den Vater.

So kehren die Brüder zurück in ihre Heimat.

Sie erzählen ihrem Vater alles, was sie erlebt haben.

Sie sagen:

„Josef lebt! Er ist ein mächtiger Mann in Ägypten."

Aber Jakob schüttelt traurig den Kopf. Er sagt:

„Das kann nicht sein. Josef, mein Sohn, ist tot."

Sie sagen:

„Nein, Vater! Josef lebt!"

Und sie zeigen ihm die Geschenke,

die Josef ihnen mitgegeben hat.

Da glaubt Jakob endlich, was sie ihm erzählt haben.

Er fragt:

„Ist es wirklich wahr? Josef lebt?

Dann will ich zu ihm nach Ägypten

und ihn sehen, bevor ich sterbe."

So zieht der alte Vater Jakob weg aus Kanaan
und kommt nach Ägypten.
Und alle ziehen mit ihm, die zu ihm gehören.

Josef aber lässt seinen Wagen anspannen
und fährt dem Vater entgegen.
Und als sie sich treffen – Jakob und Josef –
fallen sie einander um den Hals
und weinen lange.

Jakob lebt danach noch viele Jahre in Ägypten.
Er wird sehr alt.

Die Geschichte von Mose

Als Vater Jakob gestorben ist,
lässt Josef ihn nach Kanaan zurückbringen
und dort begraben.
Das hat Jakob sich so gewünscht.

Jakobs Söhne aber und seine Tochter Dina
und ihre Kinder und Enkel
bleiben bei ihrem Bruder Josef in Ägypten.
Ihre Nachkommen werden zu einem großen Volk –
so wie Gott es Abraham einst versprochen hat.
Sie nennen sich „Israeliten".

Viele Jahre vergehen, eine lange Zeit.
Die Könige von Ägypten wissen nichts mehr von Josef.
Sie haben vergessen, dass er die Ägypter einst
vor dem Verhungern bewahrt hat.
Sie sehen nur:
Diese Israeliten werden immer mehr und mehr.
Sie sagen:
„Wir müssen aufpassen!
Eines Tages werden in unserem Land
mehr Israeliten leben als Ägypter."

Der König der Ägypter, der Pharao, befiehlt:
„Die Israeliten sollen alle schwere Arbeit tun.
Wenn sie schwer arbeiten, dann sterben sie früher.
Dann werden sie weniger."

Jetzt müssen die Israeliten arbeiten wie Sklaven.

Sie müssen Lehm graben und Ziegel brennen.

Auch auf den Feldern müssen sie hart arbeiten.

Ägyptische Aufseher passen auf und treiben sie an.

Aber die Israeliten werden trotzdem immer mehr.

Da befiehlt der Pharao:

„Alle neugeborenen Jungen der Israeliten

sollen getötet werden.

Nur die Mädchen sollen am Leben bleiben."

Zu dieser Zeit bringt eine israelitische Frau

ein Kind zur Welt – einen Jungen.

Sie versteckt ihn vor den Ägyptern.

Und als sie ihn nicht länger verbergen kann,

legt sie ihn in ein Körbchen aus Schilf.

Das bringt sie zum Fluss – dem Nil –

und setzt es ins Wasser.

Da kommt die Tochter des Pharao zum Baden.

Sie entdeckt das Körbchen und darin den Jungen.

Sie hat Mitleid mit ihm.

Sie sagt: „Was für ein schönes Kind!

Es gehört mir! Ich will es behalten."

So wächst der kleine israelitische Junge

im Palast des Pharao auf wie ein ägyptisches Kind.

Die Tochter des Pharao gibt ihm den Namen Mose.

Aber Mose weiß, dass er kein Ägypter ist.

Mose wächst heran und wird ein Mann.
Manchmal geht er aus dem Palast in die Stadt
oder hinaus auf die Felder.
Überall machen die Israeliten die schwersten Arbeiten.
Manche sind alt und schwach und können nicht mehr.
Aber die ägyptischen Aufpasser haben kein Mitleid.

Einmal sieht Mose, wie ein Aufpasser
einen Israelit hart schlägt. Da wird Mose sehr zornig.
Er schaut sich nach allen Seiten um.
Niemand ist in der Nähe.
Schnell nimmt er seinen Stock und erschlägt den Ägypter
und verscharrt ihn im Sand.
Er denkt: Niemand hat es gesehen.

Aber jemand hat es doch gesehen
und erzählt es weiter.
So erfährt es der Pharao. Er ist wütend.
Er sagt: „Mose hält zu den Israeliten!
Dafür muss er sterben!"

Da flieht Mose vor dem Pharao
und geht in das Bergland von Midian.

In Midian wird Mose ein Schafhirt.

Eines Tages kommt er mit seiner Herde zum Berg Sinai.

Da sieht er in der Ferne einen Dornbusch.

Der brennt und brennt und verbrennt doch nicht.

Neugierig geht Mose näher heran.

Da spricht aus dem brennenden Dornbusch
die Stimme Gottes zu ihm:

„Komm nicht näher, Mose! Zieh deine Schuhe aus.

Denn der Boden, auf dem du stehst, ist heilig."

Mose erschrickt. Schnell zieht er seine Schuhe aus.

Die Stimme Gottes spricht weiter:

„Höre, Mose! Ich bin derselbe Gott,
der mit Abraham, Isaak und Jakob gesprochen hat!

Ich sehe, wie schlecht es den Israeliten geht.

Darum habe ich dich ausgewählt,
dass du sie aus Ägypten herausführst.

Geh zum Pharao und sage ihm:
Gott schickt mich. Lass das Volk der Israeliten frei."

Mose hört, was Gott sagt. Aber er hat Angst.
Er antwortet:
„Ich traue mich nicht zum Pharao.
Außerdem kann ich nicht gut reden."
Da sagt Gott:
„Ich habe dir den Mund gegeben.
Ich habe dir die Sprache gegeben.
Ich werde bei dir sein und dir sagen,
was du reden sollst. Also mach dich auf den Weg!"

Danach schweigt die Stimme.
Das Feuer geht aus.
Der Dornbusch aber ist nicht verbrannt.

Mose tut, was Gott ihm befohlen hat.

Er geht zum Pharao und sagt: „Gott schickt mich.

Er befiehlt dir, dass du die Israeliten frei lässt."

Aber der Pharao antwortet:

„Ich kenne deinen Gott nicht. Er kann mir nichts befehlen."

Und er lässt die Israeliten noch härter arbeiten.

Da sagt Gott zu Mose: „Ich werde den Pharao strafen.

Ich werde ihn so lange plagen, bis er die Israeliten freilässt."

Und er schickt den Ägyptern Unwetter und Hagel,

Heuschrecken und Krankheiten.

Die Ernte auf den Feldern verdirbt.

Das Vieh im Stall wird krank und stirbt.

Ungeziefer und Stechmücken plagen die Menschen.

Die Kinder bekommen Fieber und sterben.

Da muss der Pharao endlich nachgeben.

Er lässt Mose rufen und sagt: „Macht, dass ihr fortkommt.

Nehmt alles mit, was euch gehört,

auch eure Schafe und Ziegen und Rinder.

Beeilt euch, damit das Unglück in unserem Land aufhört."

Da packen die Israeliten all ihren Besitz.

Doch bevor sie aus ihren Häusern gehen,

stärken sie sich noch einmal für die lange Reise.

Sie essen gebratenes Fleisch, ungesäuertes Brot

und bittere Kräuter – das Passamahl.

So hat Mose es ihnen befohlen.

Dann ziehen sie fort aus Ägypten, so schnell sie können.

Noch in der gleichen Nacht
gehen die Israeliten weg aus Ägypten
in einem langen Zug – Männer, Frauen und Kinder,
auch alle ihre Tiere – Schafe, Ziegen, Rinder.
Mose geht dem Zug voran.
Gott zeigt den Israeliten den Weg.
Am Tag lässt er eine Wolke vor ihnen herziehen.
Bei Nacht leuchtet er ihnen in einem Feuer am Himmel,
damit sie Tag und Nacht wandern können.

So führt er sie durch die Wüste zum Schilfmeer.
Dort, am Ufer, machen die Israeliten ein Lager
und ruhen sich aus.

Als die Israeliten weg sind, sagt der Pharao:
„Es tut mir leid, dass ich sie habe gehen lassen.
Wer wird jetzt die schwere Arbeit für uns tun?
Wer wird den Lehm graben und die Ziegel brennen
und auf den Feldern pflügen, pflanzen und ernten?
Ich will sie zurückhaben. Sofort!"
Und er ruft seine besten Soldaten zusammen.
Die jagen den Israeliten hinterher mit Pferden und Wagen.

Die Israeliten sehen sie herankommen.
Sie bekommen große Angst.

Aber Gott hilft den Israeliten.
Er lässt die Wolke herunter,
die am Tag vor ihnen hergegangen ist,
und stellt sie zwischen die Ägypter und die Israeliten.
Da können die Ägypter die Israeliten nicht mehr sehen.
Dann sagt Gott zu Mose:
„Strecke deine Hand aus über dem Meer!"
Mose streckt seine Hand aus.
Und Gott lässt einen starken Wind kommen.
Der trocknet das Meer aus,
dass das Wasser zurückweicht und sich teilt.
So können die Israeliten in der Nacht
trocken durch das Meer zum anderen Ufer gehen.

Am Morgen entdecken die Ägypter,
dass die Israeliten durch das Meer geflohen sind.
Sie stürmen ihnen nach mit ihren Pferden und Wagen.
Da sagt Gott wieder zu Mose:
„Strecke deine Hand aus über dem Meer."
Mose streckt seine Hand aus.
Und im selben Augenblick
kommt das Wasser wieder zurück
und bedeckt die Pferde und Wagen und Soldaten
und begräbt alles unter sich.

Mose führt die Israeliten durch die Wüste.
Er will zum Berg Sinai.
Dort hat Gott aus dem brennenden Dornbusch
zu ihm gesprochen. Es ist ein heiliger Ort.

Die Israeliten wandern viele Wochen.
Die Menschen sind müde. Sie haben Hunger.
Sie murren: „Wären wir nur in Ägypten geblieben.
Dort haben wir wenigstens genug zu essen gehabt.
Hier werden wir verhungern."

Da schickt Gott einen großen Vogelschwarm.
Die Israeliten brauchen nur die Hand auszustrecken,
um sie zu fangen.
Jetzt haben sie genug Fleisch zum Essen.

Die Menschen haben Durst. Sie murren:
„Wären wir nur in Ägypten geblieben.
Hier werden wir alle verdursten."
Da schlägt Mose mit einem Stock an einen Felsen
und eine Quelle sprudelt hervor.
So sorgt Gott für die Israeliten.

Endlich kommen sie zum heiligen Berg Sinai.
Dort schlagen sie ihre Zelte auf.

Gott spricht zu Mose. Er sagt:

„Höre, Mose! Niemand darf auf den Berg steigen – nur du!

In drei Tagen sollst du zu mir heraufkommen.

Ich will mit dir reden."

Am dritten Tag erhebt sich ein Donnern und Blitzen.

Der Berg raucht, und die Erde bebt.

Eine dichte Wolke verhüllt den Gipfel.

In der Wolke ist Gott.

Mose steigt allein hinauf auf den Berg.

Und Gott redet lange mit ihm. Er sagt:

„Ich habe euch aus Ägypten geführt.

Ich will auch weiterhin für euch sorgen

und euch beschützen.

Ihr seid mein Volk. Ich bin euer Gott.

Aber ihr müsst treu sein und meine Gebote halten!"

Und er gibt Mose zwei steinerne Tafeln.

Darauf stehen die Gebote:

Ich bin euer Gott. Betet nicht zu anderen Göttern.

Macht euch kein Bild von mir.

Gebraucht meinen Namen nicht sinnlos.

Haltet den Sonntag heilig.

Ehrt euren Vater und eure Mutter.

Tötet nicht.

Haltet die Ehe heilig.

Stehlt nicht.

Lügt nicht.

Seid nicht neidisch auf das, was anderen gehört.

Mose bleibt lange auf dem Berg.
Die Israeliten warten unten auf ihn.
Schließlich sagen sie:
„Wer weiß, ob Mose wiederkommt.
Wir sehen ihn nirgends. Und Gott sehen wir auch nicht.
Wir wollen einen Gott haben, den man sehen kann."
Sie tragen allen Goldschmuck zusammen
und schmelzen ihn ein und gießen daraus
ein goldenes Kalb, ein Stierkalb.
Sie stellen es auf in ihrer Mitte und sagen:
„Das ist jetzt unser Gott, unser Stiergott."
Sie bauen einen Altar für ihn
und bringen ihm Geschenke
und beten ihn an.

Aber Gott hat alles gesehen. Zornig sagt er zu Mose:
„Geh schnell hinunter!
Die Israeliten beten zu einem Stiergott!
Dafür werde ich sie bestrafen. Ich werde sie vernichten."
Da fleht Mose zu Gott und sagt: „Vernichte sie nicht.
Sie sind alle Nachkommen von Abraham, Isaak und Jakob.
Denke daran: Du hast versprochen,
dass du ihnen ein Land gibst, in dem sie wohnen können."
Da tut es Gott leid, dass er so hart geredet hat.

Mose aber geht hinunter zu dem Volk.
Er stürzt den Stiergott um, schmilzt das Gold ein
und zerreibt es zu Pulver.
Nichts bleibt von ihm übrig.

Die Israeliten ziehen weiter durch die Wüste.

Sie kommen in ein steiniges Bergland.

Da sagt Gott zu Mose:

„Steige auf den höchsten Berg, den Berg Nebo."

Mose ist müde von der langen Wanderung.

Er ist alt. Aber er tut, was Gott ihm sagt.

Vom Gipfel des Berges

sieht er das Land Kanaan vor sich liegen.

Gott sagt:

„Das ist das Land, in das ich euch führen will.

Abraham, Isaak und Jakob haben hier gewohnt.

Ihr seid ihre Nachkommen.

Es soll euer Land sein. Ihr sollt für immer hierbleiben."

Mose schaut das Land an. Es ist grün und fruchtbar.

Es ist ein schönes Land. Gott sagt zu ihm:

„Du hast es nun mit deinen eigenen Augen gesehen.

Aber du wirst nicht mehr hineinkommen."

Mose stirbt allein auf dem Berg.

Gott selbst bereitet ihm das Grab.

Niemand weiß den Ort.

Gott bestimmt Josua als Nachfolger für Mose.

Josua führt die Israeliten in das Land,

das Gott ihnen versprochen hat.

Die Geschichte von David und Goliat

Die Israeliten leben nun schon viele Jahre im Land Kanaan.
Sie haben Dörfer und Städte gebaut
und einen König gewählt. Der König heißt Saul.

Einmal ist Krieg zwischen den Israeliten und den Philistern.
König Saul und seine Krieger
haben auf der einen Seite eines Tales
ihr Lager aufgeschlagen.
Die Philister haben ihr Lager auf der anderen Seite.

Unter den Philistern ist ein gewaltiger Krieger,
ein richtiger Riese, fast drei Meter groß.
Er hat einen Helm auf dem Kopf
und ein Hemd aus Eisen.
Sein Speer ist groß und dick wie ein Baumstamm.
Der Riese heißt Goliat.
Jeden Morgen und jeden Abend
tritt Goliat aus dem Lager der Philister.
Er stellt sich auf und schreit mit mächtiger Stimme
über das Tal zu den Israeliten hinüber:
„Wer kämpft mit mir? Wer getraut es sich?
Wenn ihr mich besiegt, habt ihr den Krieg gewonnen!"
Saul und seine Krieger hören die Reden Goliats.
Sie haben Angst und fürchten sich sehr.

Vierzig Tage lang zeigt sich der Riese Goliat
und verspottet die Israeliten.
Eines Morgens kommt ein Hirtenjunge
ins Lager der Israeliten. Er heißt David.
Sein Vater hat ihn geschickt.
Die drei älteren Brüder von David
sind unter den Kriegern der Israeliten.
David soll ihnen Brot und Käse bringen.

Als David ankommt, steht gerade Goliat
auf der anderen Seite des Tales und schreit:
„Wer getraut sich, mit mir zu kämpfen?"
Niemand von den Israeliten rührt sich.

Da geht David zu König Saul und sagt:

„Ich will hingehen und mit diesem Philister kämpfen."

Aber König Saul antwortet: „Du bist zu jung.

Du kannst nicht gegen ihn kämpfen.

Du hast ja gar keine Waffen."

David sagt: „Doch! Ich habe meinen Stock

und meine Steinschleuder.

Wenn ich die Schafe meines Vaters hüte

und es kommt ein Löwe oder ein Bär,

dann vertreibe ich sie mit meinem Stock

oder mit einem Stein.

Gott hat mir gegen Löwen und Bären geholfen.

Er wird mir auch gegen diesen Philister helfen!"

König Saul lässt David gegen Goliat kämpfen.

David sucht sich fünf glatte Steine aus dem Bach

und steckt sie in seine Hirtentasche.

Nur mit seiner Schleuder und dem Hirtenstab

tritt er dem Riesen entgegen.

Goliat lacht ihn aus, als er ihn sieht.

„Komm her, du kleiner Wicht.

Dich zerquetsche ich mit der bloßen Hand."

David antwortet:

„Du kommst mit Speer und Schild und Eisenhemd.

Ich aber komme mit Gott.

Gott wird mir helfen, dich zu besiegen."

Er nimmt einen Stein, legt ihn in die Schleuder

und schleudert ihn gegen Goliat.

Er trifft ihn mitten auf die Stirn.

Der Riese schwankt und stürzt tot zu Boden.

Als die Philister sehen, dass ihr stärkster Krieger tot ist,

rennen sie davon und fliehen.

Viele Jahre später stirbt König Saul.

Da wird David König über die Israeliten.

Gott hat ihn auserwählt und dazu bestimmt.

Die Geschichte von Daniel

Wieder ist eine lange Zeit vergangen.
Ein fremder König herrscht über die Israeliten – Darius.
Er ist ein mächtiger König
und herrscht über viele Reiche und Völker.
Eines Tages verkündet der mächtige König Darius:
„Ab jetzt bin ich euer Gott.
Alle Menschen müssen mich anbeten.
Wer zu einem anderen Gott betet,
der soll in die Löwengrube geworfen werden,
damit ihn die Löwen fressen."

Damals lebt am Hof des Königs Darius
ein junger Israelit – Daniel.
Der betet dreimal am Tag zu Gott.
Daniel weiß, was König Darius verkündet hat.
Aber er lässt sich nicht von Gott abbringen.
Dreimal am Tag geht er in sein Haus und betet.

Das sehen seine Feinde.
Sie schleppen ihn zum König und sagen:
„Dieser Israelit gehorcht dir nicht.
Er betet weiter zu seinem Gott.
Du musst ihn in die Löwengrube werfen,
damit ihn die Löwen fressen."

König Darius kennt Daniel gut. Er hat ihn gern.

Er weiß, dass er ein kluger und ehrlicher Mann ist.

Darius hat Mitleid mit Daniel. Er möchte nicht,

dass er von den Löwen gefressen wird.

Aber die Feinde von Daniel sagen:

„Du hast es verkündet, König Darius.

Jetzt musst du dich auch daran halten.

Wirf ihn zu den Löwen."

Da sagt König Darius traurig zu Daniel:

„Möge dich dein Gott retten, zu dem du jeden Tag betest."

Und er übergibt ihn seinen Soldaten.

Die werfen ihn in die Löwengrube.

Kein Mensch kann Daniel daraus befreien.

Am anderen Morgen steht der König früh auf.

Er eilt zur Löwengrube und ruft hinab:

„Daniel! Hat dein Gott dich vor den Löwen gerettet?"

Daniel antwortet:

„Ja, König Darius!

Er hat seinen Engel geschickt.

Der hat den Löwen das Maul zugehalten.

Da konnten sie mir nichts antun."

Darius ist froh und glücklich.

Er lässt Daniel aus der Grube ziehen.

Und er verkündet den Menschen in seinem Reich:

„Von jetzt an sollen alle den Gott Daniels anbeten.

Denn er ist mächtig und stark.

Er hat Daniel vor den Löwen gerettet."

Die Geschichte von Jona

Im Land der Israeliten lebt ein Mann namens Jona.
Eines Tages spricht Gott zu ihm:
„Steh auf, Jona, und geh in die Stadt Ninive!
Die Menschen dort sind böse und schlecht.
Sie halten meine Gebote nicht.
Geh und bringe den Menschen die Botschaft:
Gott wird euch hart strafen. Er wird Ninive zerstören."

Aber Jona will nicht nach Ninive gehen.
Er will den Menschen dort
nicht die Botschaft Gottes bringen.
Er hat Angst. Er denkt:
„Sie werden mir nicht glauben.
Sie werden mich auslachen und fortjagen."

Er geht ans Meer, zu einem Hafen.
Dort sind viele Schiffe.
Eines davon fährt ganz weit weg von Ninive,
in die andere Richtung.
Jona zahlt das Fahrgeld und geht auf das Schiff.
Bald fährt das Schiff auf das Meer hinaus.
Jona denkt:
„Hier bin ich sicher.
Hier findet Gott mich nicht."

Jona steigt hinab in das Schiff.

Ganz unten legt er sich hin und schläft ein.

Da kommt ein gewaltiger Sturm.

Der wühlt das Meer auf, es braust und tobt.

Die Wellen werfen das Schiff hin und her.

Die Seeleute bekommen große Angst.

Da steigt der Kapitän hinunter zu Jona und sagt:

„Wie kannst du schlafen bei diesem Unwetter!

Steh auf und bete zu deinem Gott, damit er uns hilft.

Sonst müssen wir ertrinken."

Doch das Unwetter hört nicht auf.

Die Seeleute sagen: „Einer von uns

muss etwas Schlimmes gemacht haben.

Jetzt werden wir alle dafür bestraft!"

Da sagt Jona zu ihnen: „Ich bin's! Ich bin schuld.

Ich habe Gott nicht gehorcht.

Er hat mir einen Auftrag gegeben.

Aber ich bin vor ihm geflohen."

Der Sturm wird immer stärker.

Die Wellen schlagen höher und höher.

Alle fürchten sich sehr.

Die Seeleute klagen und jammern:

„Was sollen wir nur tun,

damit Gott uns nicht alle ertrinken lässt?"

Da sagt Jona:

„Nehmt mich und werft mich ins Meer.

Dann wird der Sturm aufhören

und die Wellen werden sich beruhigen."

Die Seeleute sagen:

„Nein! Das können wir nicht tun!"

Und sie rudern drauflos mit allen Kräften.

Sie versuchen, das Schiff ans Ufer zu bringen.

Aber sie schaffen es nicht.

Da beten sie zu Gott und sagen:

„Bestrafe uns nicht, Gott!

Aber wir müssen diesen Mann ins Meer werfen.

Sonst ertrinken wir alle."

Und sie nehmen Jona

und werfen ihn ins Meer.

Im selben Augenblick hört der Sturm auf

und das Meer wird still.

Das Schiff ist gerettet.

Die Seeleute danken Gott.

Sie beten zu ihm und versprechen,

dass sie ihm gehorchen wollen.

Gott schickt Jona einen großen Fisch.
Der verschlingt ihn, damit er nicht ertrinkt.
Drei Tage und drei Nächte
ist Jona im Bauch des Fisches.
Und er betet zu Gott und fleht ihn an:
„Ich weiß, dass du mich hörst, Gott.
Ich weiß, dass du mich nicht vergessen hast.
Ich weiß, dass du bei mir bist.
Hilf mir heraus, Gott!"

Gott erhört das Gebet. Er befiehlt dem Fisch,
ans Ufer zu schwimmen und Jona auszuspucken.
Und der Fisch tut, was Gott sagt.
So wird Jona gerettet.

Gott aber sagt zum zweiten Mal zu Jona:
„Geh in die Stadt Ninive!
Die Menschen dort sind böse und schlecht.
Sie halten meine Gebote nicht.
Geh und bringe ihnen die Botschaft:
Gott wird euch hart strafen. Er wird Ninive zerstören."

Dieses Mal gehorcht Jona.
Er geht nach Ninive, wie Gott es befohlen hat.

Ninive ist eine sehr große Stadt.

Jona geht mitten hinein.

Er stellt sich auf den größten Platz und ruft:

„Ihr Leute von Ninive, hört, was Gott euch sagen lässt:

Ihr seid böse und schlecht. Ihr haltet meine Gebote nicht.

Ich werde euch hart bestrafen.

Ich werde eure Stadt zerstören.

So spricht Gott!"

Die Menschen von Ninive erschrecken.

Sie glauben, was Jona verkündet, und sagen:

„Wir wollen Gott zeigen, dass es uns leidtut.

Wir wollen aufhören, Unrecht zu tun.

Wir wollen die Gebote halten und ein neues Leben anfangen.

Dann verzeiht Gott uns vielleicht unsere bösen Taten

und bestraft uns nicht."

Sogar der König von Ninive steigt von seinem Thron herab.

Er setzt die Krone ab, zieht seine Königsgewänder aus

und hüllt sich in schwarze Trauerkleider.

Jona geht hinaus aus der Stadt auf einen Berg.

Von dort kann er auf Ninive hinuntersehen.

Er baut sich eine Hütte und wartet.

Er will erleben, wie Gott die Stadt Ninive bestraft.

Vierzig Tage vergehen, aber nichts geschieht.
Gott hat gesehen, dass die Menschen in Ninive
ihr Unrecht bereuen und sich bessern wollen.
Deshalb hat er Mitleid mit ihnen.
Er vergibt ihnen und straft sie nicht.

Darüber ärgert sich Jona. Er wird sehr zornig und sagt:
„Siehst du, Gott, das habe ich mir gleich gedacht.
Du bist zu gut zu den Menschen.
Du hast sogar mit denen Mitleid, die Böses tun.
Deshalb wollte ich nicht nach Ninive.
Meine ganze Mühe war umsonst."

Da lässt Gott einen Strauch wachsen neben der Hütte.
Jona freut sich darüber. Der Strauch ist schön.
Er gibt ihm in der Mittagshitze Schatten.
Dann schickt Gott einen Wurm. Der frisst die Wurzel,
und der schöne Strauch verdorrt über Nacht.

Da jammert und klagt Jona.
Es tut ihm leid um den Strauch.
Aber Gott sagt:
„Warum jammerst und klagst du?
Du hast den Strauch nicht wachsen lassen.
Trotzdem tut es dir leid, dass er verdorrt ist.
Und da soll ich nicht Mitleid haben
mit der großen Stadt Ninive und mit den Männern
und Frauen und Kindern und Tieren,
die darin wohnen?"

Jesus kommt zu den Menschen

Jesus wird geboren

Eines Tages sagt der römische Kaiser Augustus:
„Ich will wissen, wie viele Menschen
in meinem Reich wohnen.
Jeder soll zu seinem Heimatort gehen,
in dem er geboren ist.
Dort soll er seinen Namen
in eine Liste schreiben lassen!
Dann kann ich alle zählen.“

Da müssen viele Menschen
in ihren Heimatort gehen –
auch Josef, der Zimmermann, und seine Frau Maria.
Sie wohnen in der Stadt Nazaret
und müssen nach Betlehem.
Maria aber ist schwanger. Sie erwartet ein Kind.
Spät am Abend kommen Josef und Maria
in Betlehem an.
Dort ist alles voller Menschen.
Sie sind von überall her gekommen,
um sich in die Listen einschreiben zu lassen.
Alle Gasthäuser sind besetzt.
Kein einziges Zimmer ist mehr frei.

Josef und Maria müssen in einem Stall übernachten.
Dort bekommt Maria ihr erstes Kind – einen Sohn.
Sie nennt ihn Jesus.
Sie wickelt ihn in Windeln
und legt ihn in eine Futterkrippe.

In dieser Nacht sind draußen auf dem Feld Hirten.

Die hüten ihre Schafe.

Auf einmal erscheint vor ihnen ein Engel.

Um ihn herum leuchtet es hell wie am Tag.

Die Hirten erschrecken.

Aber der Engel sagt zu ihnen:

„Ihr braucht keine Angst zu haben!

Ich bringe euch eine gute Nachricht:

Heute Nacht ist in Betlehem ein Kind geboren.

Das hat Gott auf die Erde geschickt.

Wenn es groß ist, wird es ein Helfer und Retter sein.

Es wird die Menschen aus aller Not erretten.

Geht hin und begrüßt es.

Es liegt in Windeln gewickelt in einer Futterkrippe."

Plötzlich kommen von allen Seiten viele Engel herbei.

Sie singen:

„Ehre sei Gott in der Höhe

und Friede auf Erden für alle Menschen."

Die Engel sind zurückgekehrt in den Himmel.
Es ist wieder dunkel auf dem Feld.
Die Hirten sagen:
„Habt ihr gehört, was der Engel gesagt hat?
Los! Wir gehen und suchen das Kind!"

Sie kommen nach Betlehem und finden den Stall
und darin Maria und Josef mit dem Kind.
Sie erzählen, was der Engel ihnen verkündet hat:
„Dieses Kind hat Gott geschickt.
Es wird die Menschen erretten aus aller Not."
Maria hört zu und staunt.
Sie merkt sich jedes Wort, das die Hirten sagen,
und behält es in ihrem Herzen.

Danach gehen die Hirten wieder zurück.
Sie loben Gott und danken ihm für alles,
was sie in dieser Nacht erlebt haben.

Jesus bekommt Besuch

Weit weg in einem anderen Land
leben weise Männer – Sterndeuter.
Sie wissen alles über die Sterne.
Eines Nachts entdecken sie einen neuen Stern.
Er leuchtet heller als die anderen Sterne.

Die Sterndeuter schauen in ihren Büchern nach.
Da steht: Dieser Stern bedeutet,
dass ein Königskind geboren ist.

Die Sterndeuter wollen das Königskind besuchen.
Sie machen sich auf den weiten Weg.
Der Stern zieht am Himmel vor ihnen her.
Er führt sie ins jüdische Land,
in die große Stadt Jerusalem.

Die Sterndeuter erzählen von ihrem Stern.

Sie sagen:

„Er hat uns in dieses Land geführt.

Ein neues Königskind muss hier geboren sein.

Wir wollen es besuchen und ihm Geschenke bringen.

Wisst ihr, wo wir es finden?"

Aber die Menschen schütteln die Köpfe.

Sie wissen nichts von einem Königskind.

König Herodes droben in seinem Palast
hört von der Geschichte. Er denkt:
„Ein neues Königskind? Das gefällt mir nicht.
Es wird mich aus meinem Palast vertreiben
und König sein wollen, wenn es groß ist."
Er holt seine klügsten Gelehrten zusammen
und fragt sie:
„Steht in den alten Büchern,
dass in unserem Land ein König geboren wird?"
Die Gelehrten sagen:
„Ja, großer König Herodes.
In den Büchern steht geschrieben,
dass aus Betlehem ein neuer König kommen wird."

König Herodes lässt die Sterndeuter zu sich kommen.

Er will alles über den Stern wissen:

„Wann habt ihr ihn zum ersten Mal gesehen?

Wie lange seid ihr ihm gefolgt?"

Zuletzt sagt er:

„Geht nach Betlehem.

Sucht dort das Kind! Wenn ihr es gefunden habt,

dann kommt zurück und erzählt mir von ihm.

Ich will es auch besuchen

und ihm Geschenke bringen."

Die Sterndeuter bedanken sich bei König Herodes

und machen sich auf den Weg nach Betlehem.

Der Stern geht wieder vor ihnen her und führt sie.

Über dem Stall bleibt er stehen.

Die Sterndeuter wundern sich:

„Ein König in einem Stall?" Sie gehen hinein

und finden Maria, Josef und das Kind.

Sie knien nieder und beten das Kind an.

Dann packen sie ihre Geschenke aus:

Gold, Weihrauch und Myrrhe.

In der Nacht spricht Gott
zu den Sterndeutern im Traum. Er sagt:
„Geht nicht zurück zu Herodes."
Da kehren die Sterndeuter
auf einem anderen Weg in ihr Land zurück.
Auch Josef hat in dieser Nacht einen Traum.
Der Engel Gottes erscheint ihm und sagt:
„Steh auf und nimm das Kind
und fliehe mit ihm und Maria nach Ägypten.
Denn König Herodes sucht das Kind
und will es töten."
Da steht Josef gleich auf.
Er flieht mit Maria und dem kleinen Jesus
nach Ägypten.
Dort bleiben sie, bis Herodes gestorben ist.

Danach kehren sie zurück ins jüdische Land
in ihre Stadt Nazaret.

Jesus geht mit seinen Eltern zum Passafest

Jesus wächst in der Stadt Nazaret auf.
Er lernt lesen und schreiben.
Er liest gern. Er lernt gut.
Er kennt viele Geschichten.

Als Jesus zwölf Jahre alt ist,
sagt sein Vater Josef eines Tages zu ihm:
„Deine Mutter und ich gehen
nach Jerusalem zum Passafest.
Du darfst in diesem Jahr mitgehen."

Jesus hat von seinem Lehrer gelernt:
Das Passafest ist das wichtigste Fest im Jahr.
Da denken die Menschen an die Nacht,
in der Mose ihre Vorfahren aus Ägypten geführt hat.
Lange ist das her.
Aber jedes Jahr feiern die Menschen ein Fest
und danken Gott, dass er damals
das Volk Israel gerettet hat.

Viele Menschen sind nach Jerusalem gekommen.
Sie gehen zum Tempel.
Der Tempel steht auf einem Hügel.
Er ist das größte Gebäude in der Stadt –
das Haus Gottes.
Auch Maria, Josef und Jesus gehen zum Tempel.
Sie beten. Sie danken Gott und loben ihn.
Jesus hört gern den Lehrern zu.
Sie sitzen im Tempel und erzählen von Gott.
Sie lesen aus den heiligen Schriften vor.

Als das Passafest vorbei ist,
gehen die Menschen wieder nach Hause
in ihre Dörfer – auch Josef und Maria.
Doch Jesus ist nicht bei ihnen.
„Wo ist er?", fragt seine Mutter.
„Er ist sicher mit seinen Freunden vorausgegangen",
sagt Josef.

Maria und Josef suchen Jesus.

Er ist nicht bei seinen Freunden.

Er ist auch nicht unter den Verwandten und Bekannten.

Da gehen Josef und Maria zurück nach Jerusalem.

Nach drei Tagen finden sie Jesus schließlich im Tempel,

mitten unter den Lehrern.

Er hört ihnen zu, stellt Fragen und redet mit ihnen.

Er weiß alles, was sie ihn fragen,

und gibt ihnen kluge Antworten.

Alle wundern sich über ihn.

Maria und Josef aber sind betroffen.

Maria sagt:

„Kind, wir suchen dich seit drei Tagen.

Wir haben uns große Sorgen gemacht!"

Jesus antwortet:

„Ich muss doch im Haus meines Vaters sein!

Wisst ihr das nicht?"

Die Eltern verstehen nicht, was das heißen soll.

Sie nehmen ihn mit.

Zusammen kehren sie nach Nazaret zurück.

Jesus lässt sich taufen

Jesus wird ein Zimmermann wie sein Vater.

Doch eines Tages, als er erwachsen ist,
geht er weg von seinen Eltern und Geschwistern,
weg aus der Stadt Nazaret.
Er wandert hinab zum Jordan-Fluss.

Dort predigt Johannes der Täufer zu den Menschen.
Er erzählt ihnen von Gott. Er sagt:
„Denkt nach! Habt ihr etwas Böses getan?
Tut es euch leid? Möchtet ihr wieder gut sein?
Dann verzeiht euch Gott und ihr werdet wieder froh."

Viele Menschen sagen zu Johannes:
„Ja, wir haben etwas Böses getan. Es tut uns leid."
Da tauft Johannes sie im Jordan-Fluss.
Jetzt ist alles Böse von ihnen abgewaschen.

Jesus hört Johannes zu.

Er sagt:

„Taufe mich auch!"

Johannes schaut ihn an und sagt:

„Warum soll ich dich taufen?

Du hast doch gar nichts Böses getan."

Aber Jesus antwortet:

„Taufe mich! Gott will es!"

Da tauft ihn Johannes.

Als Jesus wieder aus dem Wasser steigt,

hört er die Stimme Gottes vom Himmel herab:

„Du bist mein lieber Sohn.

Ich will, dass du zu den Menschen gehst.

Du sollst ihnen helfen und sie aus ihrer Not erretten.

Du sollst ihnen Hoffnung bringen

und sie froh machen!"

Jesus sammelt Freunde

Jesus macht sich auf den Weg zu den Menschen.
Er will ihnen von Gott erzählen.
Er will ihnen helfen.
Er will, dass sie froh werden.

Eines Tages kommt er zum See Gennesaret.
Da sitzen zwei Fischer in einem Boot –
Simon und sein Bruder Andreas.
Sie flicken ihre Netze.
Jesus sagt:
„Kommt mit mir! Ich gehe zu den Menschen
und erzähle ihnen von Gott.
Ihr sollt mir dabei helfen."
Da legen Simon und Andreas ihre Netze weg
und gehen mit Jesus.
Auch ihre beiden Gehilfen, Jakobus und Johannes,
kommen mit.

Nun sind sie schon fünf:
Jesus, Simon, Andreas, Jakobus und Johannes.
Sie wandern durch das Land
rund um den See Gennesaret.
Sie gehen in die Dörfer und Städte.
Jesus predigt zu den Menschen.
Er erzählt ihnen von Gott. Er sagt:
„Gott hat alle Menschen lieb,
und er will, dass sie froh sind."

Immer mehr Menschen folgen Jesus –
Männer und Frauen.
Jesus wählt unter ihnen zwölf Männer aus.
Das sind seine besten Freunde – seine Jünger.
Sie sind immer bei ihm. Und so heißen sie:
Simon, den Jesus später Petrus nennt,
Andreas, Jakobus, Johannes, Philippus, Thomas Bartholomäus,
Thaddäus, Matthäus, Judas, der andere Simon und der andere Jakobus.

Jesus stillt den Sturm

Überall, wo Jesus hinkommt,
strömen die Menschen zusammen.
Sie wollen Jesus sehen.
Sie wollen ihn reden hören.

Einmal drängen sich so viele am Ufer,
dass er in ein Boot steigen muss.
Von da aus spricht er zu den Menschen.

Am Abend sagt er zu seinen Freunden, den Jüngern:
„Schickt die Leute nach Hause.
Wir wollen auf die andere Seite fahren."

Die Jünger steigen zu Jesus in das Boot.
Jesus ist müde.
Er legt sich ganz hinten auf den Boden und schläft.

Auf einmal kommt ein heftiger Sturm.

Das kleine Boot schwankt hin und her.

Wasser schwappt über den Rand.

Die Jünger bekommen Angst.

Sie wecken Jesus auf und sagen zu ihm:

„Wie kannst du schlafen bei diesem Sturm?

Macht es dir denn nichts aus, dass wir untergehen?"

Da steht Jesus auf. Er sagt:

„Warum habt ihr solche Angst?

Ich bin doch bei euch!"

Dann schaut er den Wind an und ruft:

„Sei still, Wind!"

Er schaut das Wasser an und ruft:

„Sei still, Wasser!"

Da hört der Wind auf und das Wasser wird ruhig.

Die Jünger wundern sich und sagen:

„Woher ist Jesus so mächtig?

Er braucht nur ein Wort zu sagen

und schon hören Wind und Wasser auf ihn!"

Jesus macht einen Blinden gesund

Jesus und seine Jünger kommen zu der Stadt Jericho.

Da sitzt ein Bettler am Straßenrand.

Er kann nichts sehen. Er ist blind.

Aber er hört die Schritte von Jesus und den Jüngern.

Er fragt:

„Wer ist das? Wer geht da vorbei?"

Jemand antwortet ihm:

„Das ist Jesus mit seinen Jüngern."

Da fängt der Blinde an zu schreien:

„Jesus! Hilf mir! Ich bin blind!"

Die Leute schauen sich nach ihm um und sagen:

„Sei still! Schrei doch nicht so laut!"

Aber der Blinde schreit noch viel lauter:

„Jesus! Jesus! Hab Mitleid mit mir! Hilf mir."

Jesus hört das Geschrei des Bettlers.

Er sagt:

„Bringt den Mann zu mir!"

Da führen ein paar Leute den Blinden zu Jesus.

Jesus fragt ihn:

„Was willst du von mir?"

Der Blinde sagt:

„Mach, dass ich wieder sehen kann!"

Jesus fragt:

„Glaubst du denn, dass ich das kann?"

Der Blinde nickt:

„Ja, das glaube ich."

Da sagt Jesus:

„Weil du so fest glaubst,

sollst du wieder sehen."

Im selben Augenblick kann der Mann sehen.

Er ist froh. Er tanzt vor Freude.

Er lobt Gott und dankt ihm.

Er lässt alle seine Sachen zurück und geht mit Jesus.

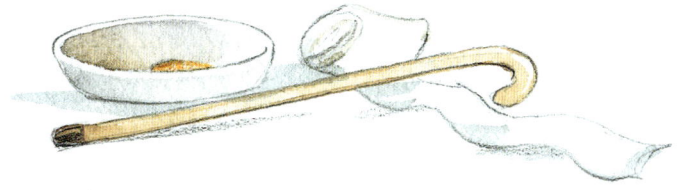

Jesus macht Menschen satt

Die Menschen haben gehört,
dass Jesus Kranke gesund machen kann.
Sie warten auf ihn am Ufer des Sees.
Sie haben ihre Kranken hergebracht:
Jesus soll sie gesund machen.
Jesus hat Mitleid mit ihnen.
Er spricht mit den Kranken
und macht sie gesund.

Am Abend sagen die Jünger zu ihm:
„Es ist schon spät. Die Leute sollen nach Hause.
Sie haben nichts zu essen dabei."
Jesus sagt:
„Gebt ihr ihnen doch etwas zu essen!"
Die Jünger antworten:
„Wir haben nicht genug dabei."
„Was habt ihr denn dabei?", fragt Jesus.
Die Jünger schauen nach und antworten:
„Wir haben fünf Brote und zwei Fische."
„Bringt alles her", sagt Jesus.

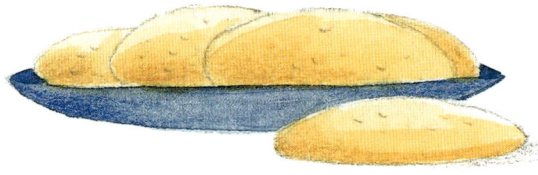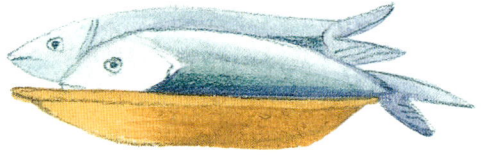

Jesus befiehlt den Leuten: „Setzt euch ins Gras!
Wir wollen miteinander essen."

Er nimmt die fünf Brote,
schaut zum Himmel und betet.
Er dankt Gott für das Brot.
Dann bricht er es auseinander
und gibt die Stücke den Jüngern.
Sie sollen das Brot verteilen.

Danach nimmt er die zwei Fische,
schaut zum Himmel und betet.
Er dankt Gott für die Fische
und gibt sie den Jüngern.
Sie sollen auch die Fische verteilen.
Die Jünger gehen durch die Reihen der Menschen
und verteilen das Brot und die Fische.
Da haben alle zu essen.
Und alle werden satt.

Jesus besucht Zachäus

In der Stadt Jericho wohnt ein Mann.
Er heißt Zachäus.
Er sitzt am Stadttor und passt auf,
wer in die Stadt hineingeht.
Er ist Zöllner. Das ist sein Beruf.
Die Händler und Kaufleute müssen bei ihm
für ihre Waren Zoll bezahlen: ein Geldstück.
Zachäus kassiert das Geld.

Aber Zachäus ist nicht ehrlich.

Er betrügt die Händler und Kaufleute.

Er sagt zu ihnen:

„Leider ist der Zoll schon wieder teurer geworden.

Ihr müsst jetzt zwei Geldstücke bezahlen."

Das zweite Geldstück behält er für sich selber.

Die Menschen in Jericho können Zachäus nicht leiden.

Sie sagen:

„Er ist ein Betrüger."

Niemand will sein Freund sein.

Eines Tages kommt Jesus nach Jericho.

Zachäus geht hin. Er will ihn sehen.

Doch an der Straße stehen viele Menschen

dicht aneinander gedrängt.

Sie lassen Zachäus nicht nach vorn.

Sie schubsen ihn weg.

Da steigt Zachäus auf einen Baum.

Jetzt kommt Jesus die Straße entlang.

Er sieht Zachäus und bleibt unter dem Baum stehen.

Er sagt:

„Komm herunter, Zachäus.

Ich will heute bei dir essen."

Zachäus ist ganz aufgeregt. Er klettert eilig herunter
und führt Jesus in sein Haus.
Er bringt ihm zu essen und zu trinken.
Aber vor dem Haus stehen Leute und schimpfen:
„Warum geht Jesus ausgerechnet zu Zachäus?
Er ist ein schlechter Mensch, ein Betrüger!"

Jesus hört es. Er schaut Zachäus an.
Zachäus schämt sich. Er sagt:
„Es ist wahr! Ich habe die Leute betrogen.
Es tut mir leid. Ich will es wiedergutmachen.
Ich gebe die Hälfte von meinem Geld den Armen.
Und wer mir ein Geldstück zu viel bezahlt hat,
der bekommt vier Geldstücke zurück."
Da freut sich Jesus. Er sagt:
„Siehst du, deshalb bin ich zu dir gekommen:
Damit du erkennst, dass du Unrecht getan hast.
Und damit es dir leid tut.
Jetzt kannst du froh sein und wieder neu anfangen."

Jesus hat die Kinder lieb

Jesus wandert mit seinen zwölf Freunden weiter.
Überall kommen die Menschen zu ihm.

Einmal bringen Mütter und Väter ihre Kinder mit.
Jesus soll ihnen seinen Segen geben.
Aber die Jünger sagen:
„Das ist nichts für Kinder.
Sie stören nur, wenn Jesus zu den Menschen redet.
Geht wieder nach Hause!"
Jesus hört das. Er wird zornig.

Er sagt:

„Lasst doch die Kinder zu mir kommen!

Gott hat sie lieb. Sie sind ihm ganz nah,

denn sie glauben und vertrauen ihm besonders fest.

Nur wenn ihr ebenso fest glaubt und vertraut

wie die Kinder, könnt ihr nah bei Gott sein."

Dann nimmt Jesus die Kinder in die Arme,

legt ihnen die Hände auf den Kopf und segnet sie.

Jesus erzählt vom barmherzigen Samariter

Einmal kommt ein frommer Mann zu Jesus. Er fragt:
„Was muss ich machen, damit ich Gott gefalle?"
Jesus sagt:
„Du musst Gott lieb haben und deine Mitmenschen.
Dann gefällst du Gott."
Da fragt der fromme Mann:
„Aber sag mir,
wer gehört alles zu meinen Mitmenschen?
Meine Eltern? Meine Brüder und Schwestern?
Meine Verwandten? Meine Freunde?
Meine Nachbarn? Und wer noch?
Ich kann doch nicht alle Menschen lieb haben."

Da erzählt ihm Jesus diese Geschichte:
„Ein Mann geht von Jerusalem in die Stadt Jericho.
Da überfallen ihn Räuber.
Sie schlagen ihn nieder. Sie rauben ihn aus.
Sie lassen ihn schwer verletzt liegen.

Bald darauf kommt ein Priester die Straße entlang.
Er sieht den verletzten Mann – und geht vorüber.
Dann kommt ein Tempeldiener.
Er sieht den verletzten Mann – und geht vorüber.
Schließlich kommt ein Mann aus Samaria –
ein Samariter, ein Ausländer.
Der sieht den Verletzten und hat Mitleid mit ihm.
Er verbindet seine Wunden.
Er hebt ihn auf seinen Esel.
Er bringt ihn in ein Gasthaus und sorgt für ihn.
Am anderen Tag gibt er dem Wirt Geld und sagt:
‚Kümmere dich um den Mann, bis ich wiederkomme.'"

Jetzt ist die Geschichte zu Ende.
Jesus schaut den frommen Mann an und fragt:
„Drei Männer haben den Verletzten gesehen.
Welcher von ihnen hat gedacht:
Das ist mein Mitmensch. Ich muss ihm helfen?"
Der fromme Mann antwortet:
„Der Ausländer."
Jesus nickt und sagt:
„Geh und mach es wie er. Dann gefällst du Gott."

Jesus erzählt vom verlorenen Schaf

Manchmal sitzt Jesus mit Menschen zusammen,
die niemand leiden kann:
Diebe, Betrüger und Bettler.
Er redet mit ihnen.
Er erzählt ihnen von Gott.

Die Priester und Frommen ärgern sich darüber.

Sie sagen:

„Warum sitzt Jesus mit denen zusammen?

Es sind schlechte Menschen."

Da erzählt Jesus ihnen eine Geschichte:

„Ein Hirte hat hundert Schafe.
Eines Tages hat sich eines davon verlaufen.
Da lässt der Hirte die 99 anderen Schafe zurück
und geht und sucht das verlorene Schaf.
Er findet es und trägt es nach Hause. Er ist so froh!
Er ruft seine Nachbarn zusammen und sagt:
Freut euch mit mir! Dieses Schaf war verloren,
aber ich habe es wiedergefunden."

Jesus sagt:
„Ich bin wie dieser Hirte.
Ich suche die verlorenen Menschen
und bringe sie zurück zu Gott.
Darüber freut sich Gott.
Und ich freue mich auch."

Jesus erzählt die Geschichte vom guten Vater

Ein Bauer hat zwei Söhne.
Eines Tages sagt der Jüngere zum Vater:
„Wenn du einmal stirbst, werde ich
die Hälfte bekommen von allem, was dir gehört.
Bitte, gib es mir doch schon jetzt!"
Da gibt ihm der Vater die Hälfte von allem:
Felder und Vieh und Kleider und Schmuck.

Der Sohn verkauft die Felder, das Vieh,
die Kleider und den Schmuck und zieht in die Stadt.
Dort gibt er sein Geld mit vollen Händen aus.
Er kauft sich alles, was ihm gefällt.
Er geht mit Freunden ins Wirtshaus
und bezahlt für alle.
Er macht sich ein schönes Leben.

Bald ist sein ganzes Geld weg. Er hat nichts mehr.

Er kann sich nicht einmal mehr Essen kaufen.

Da sucht er sich eine Arbeit.

Ein Bauer sagt zu ihm:

„Meinetwegen kannst du meine Schweine hüten."

Das ist eine ganz schlechte Arbeit.

Er verdient damit so wenig,

dass er Hunger leiden muss.

Am liebsten würde er das Schweinefutter essen.

Jetzt tut es ihm leid,

dass er sein ganzes Geld verschwendet hat.

Er denkt:

„Ich will wieder nach Hause gehen!

Ich werde zu meinem Vater sagen:

Vater, ich weiß, dass ich schlecht gehandelt habe.

Aber ich will es wiedergutmachen.

Ich will bei dir arbeiten wie ein Knecht.

Nimm mich wieder bei dir auf!"

Der Sohn macht sich auf den Weg
zurück zu seinem Vater.
Der sieht ihn von ferne kommen. Er freut sich.
Er läuft ihm entgegen und nimmt ihn in die Arme.

Der Sohn sagt:
„Vater, ich habe alles verschwendet,
was du mir gegeben hast.
Ich weiß, dass das schlecht war.
Ich will es wiedergutmachen.
Ich will bei dir arbeiten wie ein Knecht.
Nimm mich wieder auf in dein Haus."

Der Vater aber ruft alle zusammen und sagt:
„Schlachtet ein Kalb! Bringt Essen und Trinken!
Wir wollen ein Fest feiern!
Denn mein Sohn ist zurückgekommen zu mir.
Er ist weggegangen, aber nun ist er wieder da.
Freut euch mit mir!"
Bald sitzen alle beisammen und feiern fröhlich.

Da kommt der ältere Sohn nach Hause.
Er hört schon von weitem Lachen und Musik.
„Was ist da los?", fragt er einen Knecht.
Der Knecht sagt:
„Dein Bruder ist zurückgekommen.
Darum hat dein Vater ein Kalb schlachten lassen
und gibt für alle ein Fest."

Da wird der ältere Sohn zornig. Er sagt zum Vater:
„Für diesen Taugenichts feierst du ein Fest!
Ich habe die ganze Zeit treu und fleißig gearbeitet,
aber für mich hast du nie ein Kalb geschlachtet
und ein Fest gefeiert."
Da antwortet der Vater:
„Aber du bist doch immer bei mir.
Alles, was ich habe, gehört auch dir!
Freu dich doch mit mir,
dass dein Bruder wieder zurückgekommen ist!"

Jesus geht nach Jerusalem

Jesus und seine Freunde, Männer und Frauen,
sind unterwegs nach der Hauptstadt Jerusalem.
Dort steht das Haus Gottes, der Tempel.
Ein großes Fest wird da gefeiert, das Passafest.
Von überall her kommen die Menschen in die Stadt.

Auch Jesus und seine Freunde wollen
in Jerusalem das Passafest feiern.
Jesus reitet auf einem Esel.
Seine Freunde gehen neben ihm her.
Sie sind fröhlich. Sie loben Gott und singen:
„Hosianna! Da kommt Jesus, den Gott geschickt hat.
Der Retter und Helfer. Unser König!"
Immer mehr Menschen folgen ihnen.
Sie jubeln Jesus zu.
Einige legen ihre Kleider auf den Weg.
Andere reißen grüne Zweige ab
und breiten sie aus wie einen Teppich.
So zieht Jesus in Jerusalem ein.

Die Priester und die Mächtigen sehen,
wie die Menschen Jesus zujubeln.
Sie sagen zueinander:
„Jesus ist doch kein König!"
Sie sagen:
„Gott soll ihn geschickt haben?
Das müssten wir doch wissen!"

Sie stellen sich heimlich zu den Leuten,
wenn Jesus auf den Straßen predigt.
Sie hören, wie Jesus sagt:
„Gott hat alle Menschen lieb,
nicht nur die Priester und die Mächtigen.
Wer zu ihm kommen will, den nimmt er auf."
Die Priester und Mächtigen ärgern sich darüber.
Sie sagen:
„Dieser Jesus erzählt Lügen.
Gott liebt nur uns! Nur uns! Nur uns!"
Sie sind sehr böse auf Jesus.
Sie hassen ihn. Sie sind seine Feinde.

Jesus feiert das Abendmahl

Das Passafest beginnt am Abend mit einem Essen –
dem Abendmahl.
Jesus setzt sich mit seinen zwölf Jüngern
um den Tisch. Er isst mit ihnen das Passa-Lamm.
Dazu gibt es Brot und Wein.

Auf einmal sagt Jesus:
„Einer von euch wird meinen Feinden verraten,
wo ich bin.
Dann werden sie kommen, die Feinde,
und mich gefangen nehmen und töten."
Die Jünger erschrecken. Alle rufen:
„Ich nicht! Ich verrate dich nicht. Niemals!"

Jesus schaut sie an, einen nach dem anderen.
Er sagt noch einmal:
„Einer von euch, der hier am Tisch sitzt,
wird mich verraten."

Danach nimmt Jesus das Brot.
Er dankt Gott dafür,
bricht es auseinander und gibt jedem ein Stück.
Er sagt:
„Nehmt das Brot und esst es.
Immer wenn ihr miteinander das Brot teilt,
sollt ihr an mich denken.
So bin ich ganz nah bei euch."

Dann nimmt er einen Becher mit Wein.
Er dankt Gott dafür und reicht ihn den Jüngern.
Er sagt:
„Trinkt alle daraus.
Immer wenn ihr so miteinander den Wein teilt,
sollt ihr an mich denken.
Dann bin ich ganz nah bei euch."

Die Jünger schauen Jesus verwundert an.
Was heißt das? Was soll das bedeuten?
Und ihre Herzen sind voller Angst.

Jesus geht zum Ölberg

Nach dem Essen geht Jesus mit den Jüngern
hinaus vor die Stadt zum Ölberg.
Aber einer von den Jüngern
schleicht sich heimlich weg – Judas.
Er ist es, der Jesus an seine Feinde verrät,
an die Priester und Mächtigen.

Jesus hat es gemerkt.
Er sagt zu den anderen Jüngern:
„Jetzt werden bald meine Feinde kommen.
Sie werden mich gefangen nehmen.
Ihr aber werdet mich alle im Stich lassen.“
Da ruft der Jünger Petrus:
„Ich nicht! Niemals!
Ich werde dich beschützen und dir helfen!“
Aber Jesus schaut ihn traurig an und sagt:
„Bevor morgen früh der Hahn kräht,
wirst du dreimal sagen,
dass du mich nicht kennst!“

Jesus wird gefangen genommen

Am Ölberg ist ein Garten, der Garten Getsemani.
Jesus sagt zu den Jüngern:
„Ich will hineingehen und beten.
Wartet hier und passt auf."

Nach einer Stunde kommt Jesus zurück.
Da sieht er, dass die Jünger eingeschlafen sind.
Er weckt Petrus und sagt zu ihm:
„Kannst du nicht eine einzige Stunde wach bleiben?
Wie willst du mich da beschützen und mir helfen?"
In diesem Augenblick kommt Judas
mit einem Trupp Soldaten.
Er geht auf Jesus zu und küsst ihn.
Das ist das Zeichen,
das Judas mit den Soldaten ausgemacht hat.
Jetzt wissen sie: Dieser da ist Jesus.
Sie packen ihn und führen ihn weg.
Die Jünger aber bekommen große Angst
und rennen alle weg.

Jesus wird von Petrus verleugnet

Die Soldaten bringen Jesus
in das Haus des obersten Priesters.
Petrus geht ihnen heimlich nach.
Er wartet im Hof. Dort warten auch die Soldaten.
Da kommt eine Magd vorbei und sagt zu ihm:
„Du bist doch auch einer von den Jüngern,
die mit Jesus herumgezogen sind."
Petrus erschrickt.
Er hat Angst, dass die Soldaten
ihn auch gefangen nehmen.
Er sagt:
„Ich kenne diesen Jesus gar nicht."

Die Magd sagt: „Doch! Du gehörst zu ihm!"

Petrus sagt wieder: „Nein! Ich kenne ihn nicht."

Die Magd sagt: „Doch! Du bist ein Freund von ihm!"

Da sagt Petrus zum dritten Mal:

„Nein! Ich kenne ihn nicht!"

In diesem Augenblick kräht der Hahn.

Da denkt Petrus daran,

dass Jesus zu ihm gesagt hat:

„Bevor morgen früh der Hahn kräht,

wirst du dreimal sagen,

dass du mich nicht kennst."

Und er geht weg und weint bitterlich.

Jesus wird verurteilt

Die Priester und die Mächtigen klagen Jesus an.
Sie sagen:
„Du bist kein Retter! Du bist kein Helfer!
Du bist kein König!
Du erzählst den Menschen lauter Lügen über Gott!
Das ist etwas sehr Schlimmes – eine Sünde."
Und sie verurteilen Jesus zum Tod am Kreuz.

Am nächsten Tag führen sie ihn hinaus
auf den Hügel Golgota und töten ihn.

Am Abend kommt ein Mann, ein Freund von Jesus.
Der nimmt seinen toten Leib, wickelt ihn in ein Tuch
und trägt ihn in eine Grabhöhle.
Vor den Eingang wälzt er einen schweren Stein.
Drei Frauen – Freundinnen von Jesus –
sehen aus der Ferne zu und merken sich die Höhle,
in der Jesus begraben ist.

Jesus lebt

Früh am Sonntagmorgen gehen die drei Frauen
zu der Grabhöhle von Jesus.
Sie sind traurig.
Sie wollen Jesus noch einmal sehen.
Sie wollen seine Wunden mit Öl salben.
„Aber wer wird uns den Stein vom Eingang rollen?",
sagen sie. „Den schweren Stein?"
Doch als sie zu der Grabhöhle kommen,
ist der Stein schon weggewälzt.
Die Höhle ist leer.

Auf einmal erscheinen zwei Männer
in leuchtend hellen Kleidern. Sie sagen:
„Sucht ihr Jesus? Er ist nicht mehr hier.
Gott hat ihn aus dem Tod auferweckt. Er lebt.
Geht und erzählt es den Jüngern."

Da laufen die Frauen zurück in die Stadt.
Sie berichten den Jüngern:
„Jesus lebt! Der Stein ist weggerollt.
Die Höhle ist leer.
Gott hat Jesus das Leben wiedergegeben."

Jesus begegnet zwei Jüngern

Zur gleichen Zeit gehen zwei Männer
von Jerusalem zu dem Dorf Emmaus.
Es sind Jünger von Jesus. Sie reden über alles,
was am Passafest in Jerusalem passiert ist.
Sie erzählen sich Geschichten von Jesus.
Er ist ihr bester Freund gewesen.
Und jetzt ist er tot! Sie sind traurig, so traurig.

Da tritt auf einmal ein fremder Mann zu ihnen.
Er geht mit ihnen. Er hört ihnen zu.
Sie erzählen ihm von Jesus.
„Wir haben gehofft, dass er unser König wird",
sagen sie. „Und nun ist er tot."
Der Fremde tröstet sie.
Er sagt:
„Alles geschieht, wie Gott es will."

Am Abend kommen sie in Emmaus an.
Die beiden Jünger laden den Fremden
in ihr Haus ein. Sie sagen:
„Bleibe bei uns zum Essen! Denn es wird bald dunkel."

Der Fremde setzt sich mit ihnen zu Tisch.
Er nimmt das Brot. Er dankt Gott dafür,
bricht es auseinander und gibt jedem ein Stück.
Die Männer schauen sich an.
In diesem Augenblick erkennen sie:
Der Fremde ist Jesus!
Doch bevor sie etwas sagen können,
ist Jesus verschwunden.

Da lassen die beiden Männer alles liegen und stehen
und laufen nach Jerusalem zurück.
Sie erzählen den anderen Jüngern,
was sie erlebt haben.
Und wie sie Jesus erkannt haben,
als er das Brot brach.

Jesus geht zu Gott

Jesus erscheint den Jüngern mehrmals.
Einmal führt er sie hinaus vor die Stadt.
Er sagt:
„Ich gehe jetzt zu Gott.
Aber auch wenn ihr mich nicht mehr seht,
bin ich immer bei euch,
jeden Tag – bis ans Ende der Welt.
Ich schicke euch den Heiligen Geist Gottes.
Der wird euch begleiten.
Geht nun hinaus in die Dörfer und Städte
und zu den Menschen in allen Ländern.
Sagt ihnen, was ich euch gelehrt habe:
Ihr sollt Gott von ganzem Herzen lieben
und gut sein zu euren Mitmenschen.
Wer mir glaubt und vertraut,
den tauft in meinem Namen."
Danach sieht Jesus die Jünger lange an.
Sie senken die Köpfe, und Jesus segnet sie.
Und als sie die Augen wieder erheben,
ist er nicht mehr da.

Jesus schickt den Heiligen Geist

Bald darauf wird in Jerusalem wieder ein Fest gefeiert:
das Wochenfest, das auch „Pfingstfest" heißt.
Viele Menschen aus fremden Ländern
kommen da zusammen.
Sie sprechen in vielen verschiedenen Sprachen.
Aber alle wollen zum Tempel und dort beten.

Auch die Jünger und Jüngerinnen
sind noch in der Stadt. Sie haben sich heimlich
in einem Haus versammelt.
Auf einmal braust ein Wind durch alle Zimmer
und es wird hell und warm wie von einem Feuer.
Die Männer und Frauen springen auf und rufen:
„Hört ihr es? Seht ihr es? Spürt ihr es?
Das ist der Heilige Geist Gottes,
den Jesus uns versprochen hat.
Nun hat er ihn geschickt."

Auf einmal haben sie keine Angst mehr.

Sie öffnen die Fenster. Sie schließen die Tür auf.

Sie laufen hinaus und und rufen laut:

„Hört alle her: Jesus lebt. Gott hat ihn auferweckt.

Er hat ihm das Leben wiedergegeben!"

Die Menschen bleiben stehen und wundern sich.

Denn jeder hört die Worte in seiner eigenen Sprache.

Einige fragen:

„Sind das nicht Leute von hier?

Wie kommt es, dass wir sie verstehen?"

Da breitet Petrus die Arme aus und antwortet:

„Das hat Gott gemacht mit seinem Heiligen Geist!"

Und er fängt an und hält eine lange Rede

und erzählt den Menschen alles über Jesus,

und was er gesagt und getan hat.

Er ruft:

„Glaubt an Jesus und vertraut ihm.

Ändert euer Leben! Fangt neu an! Lasst euch taufen!"

Als Petrus aufhört zu reden,
lassen sich viele taufen – ungefähr 3000 Menschen.
Sie bleiben zusammen von diesem Tag an
und helfen einander und teilen alles miteinander,
was sie haben.

Die Geschichte vom Abschied

Jetzt ist der Sommer zu Ende gegangen.
Zum letzten Mal sitzt der alte Hirte mit Jakob und Rica
am Abend um das Feuer.
„Morgen ziehe ich weiter", sagt er.
„Oh!" Jakob ist traurig. „Dann bin ich wieder allein."
„Du bist nicht allein, Jakob", sagt der alte Hirte.
„Denk an die Menschen in den Geschichten:
Sie haben erfahren, dass Gott sie nicht allein lässt.
Er lässt auch dich nicht allein. Vergiss das nicht."
Jakob denkt an die Geschichten und nickt:
Es ist wahr, was der alte Hirte sagt.
Rica nickt auch. Sie denkt an die Geschichte vom Schaf,
das sich verlaufen hat, und vom Hirten,
der es gesucht und gefunden hat.
Für Rica ist es die schönste Geschichte von allen.

Der alte Hirte löscht das Feuer und sagt zu Jakob:
„Ich kenne noch viele Bibel-Geschichten.
Nächstes Jahr, wenn ich wiederkomme, erzähle ich dir mehr."

Inhalt

Bibliografische Information der Deutschen Bibliothek
Die Deutsche Bibliothek verzeichnet diese Publikation in der Deutschen
Nationalbibliografie; detaillierte bibliografische Daten sind im Internet über
http://dnb.dnb.de abrufbar.

10. Auflage 2026
© 2007 Verlag Ernst Kaufmann GmbH, Alleestraße 2, 77933 Lahr
info@kaufmann-verlag.de

Druck und Bindung: PNB Print
ISBN 978-3-7806-2748-3